JN410367

문육자 수필집

그의 실루엣

그의 실루엣

문육자 수필집

1판 1쇄 인쇄/ 2018년 2월 13일
1판 1쇄 발행/ 2018년 2월 20일

지은이 / 문 육 자
펴낸이 / 우 희 정
펴낸곳 / 도서출판 소소리

등록 / 제300-2007-21호
주소 / 03073 서울 종로구 성균관로 5길 39-16
전화 / 765-5663, 010-4265-5663
이메일: sosori39@hanmail.net
www.sosori.net

값 12,000 원

ISBN 979- 11- 5891- 099- 0 03810

그의 실루엣

문육자 수필집

책을 내면서

사계가 모두 아름답지만 '살아있다'는 계절만큼 엄숙하고 아름다운 계절이 있나 싶네요. 그 계절에 인사를 보냅니다.

피에로 같은 곡예 속에서 등불을 매달 듯 병마들을 하나씩 건사하게 되면서도 눈 아리게 그립고 고마운 사람들이 많기에 편지를 건네듯 글을 쓰고 있었는지도 모르겠습니다. 숙명 같은 절실함으로.

몇 년 동안 글을 내놓기가 한없이 부끄럽고 벗어 버린 옷의 허물 같아 보기조차 쑥스러워 갈피 잡지 못하다 이미 출간된 선집 이전에 정리해 둔 원고들이라 이 계절이 가기 전에 부랴부랴 여섯 번째의 마음 갈무리를 펴냅니다.

유랑극단의 단원처럼 많이도 헤매며 헤집고 다녔습니다. 타국에서 자연의 아름다움에 빠져 차라리 주저앉고 싶기도 했지만 나를 기다리는 사람들이 분명히 있을 내 땅 내 나라 내 마을이 깊은 숨을 쉬고 있어 돌아옴에 의기양양했습니다.

글을 뽑아 놓고도 망설이다 다섯 부로 나누어 보았습니다. 일상을 긴 글과 짧은 글로 나누어 세 부를 만들고 영화와 음악에 심취했던 시간들 중 강한 빛으로 왔던 순간을 네 번째에 그리고 문우들이랑 함께 또는 훌쩍 나들이하듯 들른 곳에 대한 이야기를 폈습니다.

아직도 노래를 들으면 가슴으로 흐르는 물소리를 빠짐없이 듣게 됩니다. 그 이유는 알 수 없으나 분명 겨울밤을 녹이고 있습니다. 그러기에 멀리서 음률을 봄바람처럼 실어 보낸 이의 노래를 들으며 칼 같은 겨울바람 속에 안깁니다. 이상하게도 따뜻합니다. 싫지 않은 것은 그 속에서 더욱 큰 물소리를 듣기 때문입니다. 위로와 힘이 되는 그 소리를 나누고 싶습니다.

이 겨울이 가기 전에 가장 아름다운 계절이 사위기 전에 책이라는 이름에 마음을 얹었습니다. 그리고 이번엔 처음으로 책을 다듬어주는 소소리 출판사에 고마움을 드립니다.

2018년 입춘에 문윤자

1. 북소리

2. 그의 실루엣

3. 햇싸라기

4. 한 사람을 위한 우편배달부

5. 남평역, 그리움의 자리

1.

북소리

울 줄 모르는 게 아니었다. 울지 않는 것도 아니었다. 세상을 품고 산 어머니는 가장 크게 우는 동네북이었다.

동태찌개와 대구탕

겨울은 물소리조차 차가웠다. 청계천변을 따라 걸었다. 몸집이 큰 그가 가끔 바람을 막아 주었다. 중랑천이 흘러와 청계천과 몸을 섞는 얘기며 말라붙은 넝쿨을 보며 덩굴이라는 낱말보다는 넝쿨이 더 실감난다는 소소한 얘기까지 나누며 시간을 꿰었다. 그쯤 걷고 나면 허한 배 속이 언제나 먹거리를 찾게 한다.

추운 몸을 데우자고 의기투합해 광장시장으로 들어섰다. 자주 가는 집이라며 나를 안내한 곳엔 벌써 얼큰히 술 한 잔과 동태찌개로 몸을 달군 그의 친구들이 겨울밤을 눅이고 있었다. 내가 들어서자 반기며 따끈따끈한 빈대떡 한 장이 상 위에 올랐다.

이야기 소재는 늘 그러하듯 마뜩찮은 세상 돌아가는 이야기며 누구의 작품이 이번엔 어떠하더라는 이야기로 절반쯤은 흘러갔다. 그러다 끝물이 되자 유행가처럼 옛날로 돌아가 '그땐 좋앉노라'고 서로 침을 튀기며 이야기에 새 불을 지폈다. 불그레한 얼굴이 불빛에 번질거리기도 했다. 동태찌개가 불 위에서 졸아들고 있었다.

다시 자리를 옮긴다는 그들을 두고 먼저 돌아왔다. 그리고는 일을 저지르고 말았다. 그렇게 잠깐의 생각으로 일을 저지른 적이 한두 번이 아니었다. 생각의 짧음이었다. 그날도 좋았던 시간을 메일로 띄워 보낸다는 것이 화를 부르고 만 것이었다. 바람의 소리도 좋았고 무릎 아파 시원찮은 내 걸음에 보폭을 맞추어준 것도 고마웠다고 다소곳이 썼다. 다음이 문제였다.

그 집엔 대구탕도 생태찌개도 있는데 왜 그렇게 꽝꽝 언 동태로 끓인 동태찌개를 먹느냐는 내용이 불씨가 되고 말았다. 거기에 얹어서 대구는 맛있는 고니가 있고 살의 부드러움도 동태와는 비교가 되지 않는다는 말까지도 하고 말았다. 참 어이없는 실수였다. 그와 그 친구들이 그렇게 맛있게 먹을 때 바로 옆자리에서 두 남자가 소주병을 기울이며 대구탕을 먹고 있었다. 그날따라 대구탕에서 눈을 떼지 못하고 은근히 기대하기도 했다. 새 손님이 왔으니 대구탕 하나쯤 더 시키지 않을까하는 속 좁은 생각으로 오히려 서운해 했다.

당장 회답이 날아왔다. 한마디로 사치스런 생각이라고 했고 더 기가 막힌 것은 그런 사람인 줄 몰랐다는 것이었다. 마음을 풀 수 있는 술 한 잔에 가장 착한 가격으로 아니 형편에 어울리는 국물로 그보다 더 나은 것이 없단다. 그 얼큰한 국물에 시름조차 씻을 수 있다고 했다. 대구탕의 맛을 모르는 것도 아니요 생태의 그 싱싱함을 미각이 내치는 것도 아니지만 이제는 술추렴을 할 때 가장 먼저 찾게 되는 맛과 멋을 갖춘 안주라고 했다. 동태찌개는 낭만이며 시름과 해학을 담은 한 편의 시라고 했다. 그저 입맛에 익어 있어서 안주로는 가장 적당하다는 이야기였다면 그리 무안하지 않았겠지만 직격탄이 날아온 셈이었다.

아찔했다. 푸른 바다가 내 앞에서 넘실거리고 있었다. 찬 계절이 돌아오자 제철 만난 대구와 명태가 우르르 몰려나와 끈 풀린 망아지거나 눈 날리는 겨울 아침 뛰쳐나온 강아지처럼 바다를 휘젓는 게 아른거렸다. 그 자유로움이나 날렵함에서야 대구가 어찌 명태를 따라가겠는가. 직선으로, 포물선으로 그들은 맘껏 유영하며 생을 즐기고 있으니까.

그러나 숙명일까. 사람이 드리운 낚시의 끝이거나 그물에 포획된 이후 바다에서 육지로 끌려 나온 이후 그들은 품격을 달리하고 만다. 입이 큰 대구는 그 이름에 어울리게 어느 한 부분도 쓸모없지 않다. 부레, 껍질, 머리, 아가미, 창자, 알… 사람을 위해 일부러 그물 속에 들어온 한 마리의 비리지 않은 생선이다. 그 덩치조차도 몸값으로 한 몫을 한다.

그런데 명태 역시 만만치 않다. 관혼상제에도 관여를 한다. 대구와 마찬가지로 어느 한 부분 사람의 입속으로 들어가지 않는 게 없다. 숱한 이름도 갖고 있다. 생태, 동태, 북어, 코다리… 그 많은 이름들 중 서민과 가장 가까운 것이 동태가 아닐까 한다. 얼려서 오래 보관하여 상에 오르는 형태로 우리들과 만난다. 막상막하이기에 사람의 입맛에 따라 그들은 선택된다. 높고 낮음도 귀하고 흔함도 없다. 거기에 내 입맛의 강조라니. 단지 더 비싼 생선이 내 입맛에 맞아 있었던 것이 문제라면 문제랄까.

대구와 명태. 비슷한 모양새. 겨울바다를 누비던 담백한 생선이라는 공통점이 있지만 대구를 서민과 결부시키는 사람은 없다. 우선 그 크기부터가 서민과는 거리가 멀다. 그러나 우리의 밥상에서 친밀하게 얼굴을 내미는 명태는 동태가 되어 우리와 더 가깝게 만나게 됨을 잊고 있었다.

어쩌다 간사한 입맛에 앞뒤가리지 못한 부끄러움이었다. 광장시장에서 먹었던 동태찌개의 맛을 새삼 떠올렸다. 얼큰한 맛이 시름까지도 씻어 내려간다고 하니… 그러자 잊고 있었던 가곡 '명태'가 가슴으로 파고들었다.

어떤 외롭고 가난한 시인이
밤늦게 시를 쓰다가 쇠주를 마실 때 크~
그의 안주가 되어도 좋다.
그의 시가 되어도 좋다.

길들여지기

목이 뻣뻣해왔다. 카메라를 매달고 정신없이 쏘다니며 눈에 앵글에 세상을 모두 담고 싶기만 했던 작은 욕심이 한계를 가져왔다. 등이며 왼팔의 고통이 잠을 앗아갔다.

병원을 찾은 날 의사는 엑스레이 사진이며 골밀도 검사까지 하더니 심각한 목 디스크라는 진단을 내렸다.

사진은 물론 책을 보느라 고개를 숙인다거나 컴퓨터도 삼가라 했다. 나의 영혼을 빼앗기는 기분이었다. 그것 없이는 무의미한 생이었다. 병마가 치맛자락 붙들고 늘어져도 버팀목이 되어 주는 것들이었다. 가슴을 타고 내려가는 슬픔까지도 그대로 경직된 기분이었다. 토해내려 해도 그대로 앙금처럼 남아 있는 것. 엎친 데 덮친 격으로 며칠 후엔 오른팔조차도 고통으로 움직일 수 없는 내게 의사는 또 하나의 병명을 붙였다. 힘줄의 염

증으로 특히 누르기, 손톱 깎기, 가위질하기는 일체 삼가라고 했다. 좋이 일 년은 고생하리라는 말도 덧붙였다. 착잡하여 집을 나섰다.

의사의 말대로 하기엔 오른손이 하는 일은 너무 많았다. 머리 매만지기, 양치질하기, 단추 채우기 아니 젓가락질하기 같은 사소한 것 같으나 빠뜨릴 수 없는 일들을 심한 고통으로 할 수 없게 되니 난감하기까지 했다.

다행인 것은 왼손은 고통은 있으나 부자연스럽지는 않기에 오른손이 하던 일을 왼손으로 시도해 보기로 했다. 왼손은 오른손보다 힘도 세고 특히 왼발은 오른발을 능가해 균형 잡기, 한 발로 뛰기 등은 비교도 되지 않는다. 초등학교 저학년일 때는 왼손으로도 글씨를 써 친구들에게 으쓱이며 뽐내기도 했다.

다음날 아침, '오른손, 네가 아니어도…'라는 생각으로 기세등등하게 왼손으로 양치질을 했다. 이게 웬일인가, 이를 닦는 게 아니라 제 마음대로 돌아가는 칫솔의 유희였다. 내가 알고 있던 왼손이 아니었다. 왼손은 이제 오른손이 있어야 제 구실을 할 수 있는 존재였으며 그럴 때라야 돋보일 수 있었다. 그에 비해 오른손은 몇 십 년을 갈고 닦아 능숙하게 일하는 것에 길들여져 있었다. 자기 일에 길들여짐이었다. 어디 신체의 한 부분만 길들여져 있겠는가. 산다는 것 자체가 길들여짐이라는 생각이 들었다.

얼마 전 장년이 된 제자를 만났다. 까까머리 중학생 때부터 청년이 될 때까지 보아왔던 제자였다. 모니터 위에서의 우연한 해후로 실제로 만난 건 작은 식당이었다. 손을 닦게 되었을 때 지름 1㎝쯤 되는 티슈에 물을 적시면 물 티슈가 되는 걸 건넸다. 만나면 건네주리라. 줄 것을 하필 왜 그것으로 정했는지 지금도 알 수 없지만 그의 반응은 의외였다. 아내가 이미 물티슈가 되어 있는 것만을 사용하도록 하기에 그건 사용한 적이 없다며 거절해서 나를 머쓱하게 했다. 24년 만의 만남이었다.

길들여짐이었다. 그는 결혼을 했고 새로운 생활에 길들여져 있어 그것이 편하고 더 이상의 것을 필요로 하지 않고 있었다. "길들여졌구나."라는 내 말에, 그는 고개를 흔들더니 아내는 자기에게 길들여졌다고 한다고 했다. 둘 다 맞는 말이었다.

길들여짐이란 무엇인가. 자기를 버리는 행위이며 보조자의 자리로 옮겨 앉는 일이기도 하다. 포기가 아니라 수용이며 상대방이 하는 일을 그대로 인정하고 화해하는 일이며 새로운 것을 이루는 힘이 되며 아름다움을 창출해 내기 한다.

내 왼손은 오른손에게 모두를 내주고 말았다. 그렇다고 왼손은 매달려 있는 것만은 아니었다. 오른손이 가는 곳에 함께하며 그를 도와주는 일을 넉넉히 하고 있었다. 잡으면 붙들고 붙들면 잡고… 이런 일들을 오랜 세월 해온 그들에게 바꾸어 해 보라 했으니 어설프고 맘대로 되지 않을 수밖에 없었다.

나는 무엇에 길들여져 있는가. 세상과 타협하고 속해 있는 공동체와도 손을 잡아야 할 나이가 지난 지는 헤아리기도 가물가물하건만 아직도 역할을 바꾼 손처럼 서툴다. 그나마 맞물려 돌아가는 톱니바퀴에서 튕겨 나오지 않으려 유순함을 익히며 살고 있는 셈이다.

그러면서도 떳떳한 변명 하나쯤은 지니고 산다. 내가 보고 느끼는 것들 가슴에서 숨쉬는 것들이 세상의 눈에 길들여지지 못한다 해서 그리 나쁠 것은 없으리라. 동그라미 세상이 네모나 세모로 보이거나 거꾸로 보는 세상이 아름다워 보일 때 또 하나의 의미가 살아나고 창조의 기틀이 되는 것이 아닐까 하는 생각에서다. 또한 있는 틀에만 길들여진다면 무미건조함을 참아내지 못할 나를 알기 때문이기도 하다.

나는 매일 서투름을 연습한다. 사고하며 수정하고 또 글을 쓴다. 그리고 새로운 것을 추구한다. 서투름이 길들여질 때까지 반복한다. 나만의 세상에 길들여짐이다.

그러나 생각해보면 산다는 것이 바로 길들여짐의 연속이라는 생각이 든다. 나에게 심어 주는 힘이다. 살아있음을 확인시키는 절차이기도 하다. 나만의 영역에 길들여짐도 세상이라는 굴레 속에 길들여짐도 모두가 화해이다. 내가 나와 손잡는 행위이며 타인과의 나눔이다. 물레방아 같이 돌고 도는 세상살이를 익히는 방법이다.

발걸음이 멈춘 곳은 해거름의 정동이었다. 고운 돌담길이 연인들의 속삭임에 길들여져 반질거리고 있었다. 눈길이 머문 곳은 정동극장 내에 있는 '길들여지기'라는 카페였다. 하필 '길들여지기'라니. 산다는 것 자체가 길들여짐이구나!

해피 아워Happy Hour

집을 나선다. 나를 부르는 소리를 듣는다. 누가 밖에서 기다리고 있는 것 같아 제대로 옷도 차려 입지 못하고 나선다. 맨 먼저 만나는 것은 바람이며 푸름이다. 하늘이 푸르고 산야도 푸르다. 눈을 감고 고개를 젖히며 깊게 숨을 들이마신다.

가게로 이어진 언덕배기 좁은 골목으로 내려갔다. 정오가 조금 지나고 있었는데 젊은이들이 줄을 서 있었다. 무슨 가게일까. 모니터 위에 내리쏟아지던 '불경기'라는 말이 생각나 가까이 갔더니 놀랍게도 커피를 파는 작은 가게였다.

단지 눈길을 사로잡은 것은, 'Happy Hour 11:00~14:00 아메리카노 2000원(3500원×)'

아니 바로 앞집도 커피를 파는 가게인데 거긴 두서넛 사람이 앉아 여유롭게 커피를 마시고 있고 거기에도 11:00~ 14:00,

아메리카노 2000원이라는 글씨가 제법 굵직하게 씌어 있었다.

커피 맛 탓일까. 입맛 까다로운 사람들에게 제대로의 맛이 아니라면 벌써 문을 닫을 수밖에 없었을 텐데 제법 오래된 가게인 것을 보면 그렇지도 않은 것 같았다.

Happy Hour! 행복이었다. 세 시간 동안 행복을 선사하겠다고 국회의원처럼 공약을 했다. 그리고 대부분의 국회의원과는 달리 약속을 지켰다.

행복이란 아주 작은 씨앗과 같아서 보잘것없어 보이나 날아가면 이곳저곳에서 꽃피울 수 있음은 말할 나위도 없다. 그 가게는 탐스런 꽃을 피우기 위해 씨앗을 흩뿌리고 있는 셈이었다. 세 시간 동안, 내일도 모레도.

당신이 행복을 느꼈을 때는 언제였습니까? 없었다고 대답하는 사람은 없으리라. 불행하다고 느끼는 이들에게도 회한의 눈물만큼이나 행복한 순간이 있었으리니 살아있는 이들에게 주어진 축복이라는 생각조차 든다.

무덤덤하게 잊고 있었던 말, '행복한 시간'을 장대에 매달아 하늘에 깃발처럼 흔들고 있었다. 세 시간의 축제를 알리는 애드벌룬이었다.

아, 내게도 그러한 시간이 있었으리라. 그러나 매일 살아내고 있으면서도 눈이 멀어 더 반짝이는 것을 손안에 넣어야 감히 행복이라 말할 수 있다고 생각하는 우둔한 인간일 뿐이었다.

그래, 몽당연필 심에 침을 바르고 힘주어 글을 쓰듯 그 시간들을 모으기로 한다. 방안에 종일 음악이 흐르게 하여 졸졸거리는 샘물 소리에 취하듯 흥얼거리는 생활도 백지에 옮겨야 한다. '낡은 신발이나마 닦아 신는 것'에서도 행복을 얻는다고 어느 시인은 읊고 있다. 그런데 내겐 편한 신발을 사주는 이도 있으니 몇 배나 더 신난다고 땀땀이 써야지. 짙은 커피향에 취하는 나에게 하와이언 코나며 에티오피아의 커피, 예가체프를 갓 볶아 보내주는 제자의 손길도 잊지 않으리. 기대는 행복과 반비례함을 따로 써 두고 매달리는 병마들과 함께 놀기를 권하며 '사람은 한 번밖에 죽지 않는다.'는 진리를 일러준 의사도 고마웠다고 남기리라.

잃어버리는 것조차 행복해하며 항복하듯 두 손 들고 벗어버리는 겨울나무들, 그 나무들의 노래까지도 찬가처럼 가슴을 울렸다고 쓴다. 오늘 아침, 차를 몰고 좁은 길을 가다 마주 오는 승용차를 만나 비켜 주었을 때, 고맙다고 손 흔들어 주던 이의 하얀 손도 그려 둔다.

손에 쥐기엔 몽당연필이 너무 짧아졌다. 그러나 내게 온 행복이 얼마나 놀랄 만한 것인지 보물찾기 하듯 바위 틈새며 나무둥치에 살짝 난 구멍까지도 뒤지겠다고 생각을 해본 적은 한 번도 없었다. 세 잎 클로버를 짓이기듯 밟으며 네 잎 클로버를 찾아 헤매고 다니는 어리석음으로 산다.

무엇이 우리를 기다리며 살아가게 하는 것일까
배반될지라도 기억되고 싶은 날들은 행복하다.
- 전길자 「하루분의 행복」

오래 지속된다면 어찌 행복인 줄 알겠는가. 설령 그것이 가슴을 아리게 하는 결과를 가져 온다 하더라도 그 시간을 아름답게 간직하고 있다면 행복임을 알겠다. 그것은 엄청난 것도, 요란한 것도 아니다. 화선지에 배어든 물감 같은 것이다.

골목에서 만난 '행복한 시간'이라는 말이 내게 전도傳導되어 따뜻한 불빛을 발하고 있었다. 그 불빛 속에 마음 터놓을 사람을 초대하고 커피 한 잔이라도 나누고 싶다. 그럴 때 그가 고운 눈웃음을 보내 준다면… 마음에 품은 사람이 행복해 하면 덩달아 행복해지리라.

'작은 뜻 하나 함께해 줄 이 있으면
그것이 바로 행복이리니
나 기꺼이 그러리라.'

이런 메일은 가슴을 적셔 주고 나를 챙겨주던 가장 고마웠던 친구, 지금은 아무것도 나눌 수 없는 서 선생과의 시간은 잊을 수 없이 행복했던 시간이었다고 몽당연필은 끝을 맺을 것이다.

북소리

북소리가 날아오른다. 길 없는 하늘에 길을 만든다. 소망을 매단 소리다. 가끔은 가슴을 멍들게 하고는 매몰차게 뿌리치고 가는 연인의 뒷모습 같다. 북은 비어 있어야 우람한 소리를 낸다. 맞아야 울음을 운다. 그 소리가 어떤 색깔을 가지든 그들은 운다.

고모는 사흘낮밤을 할아버지로부터 매를 맞았다. 북이 아닌 고모는 북처럼 맞았다. 신이 내렸다고 했고 할아버진 집안망신에 남세스러워 바깥에도 나갈 수 없다고 같이 목매달자고 추운 겨울인데도 홑적삼에 무명치마 입은 고모를 한을 담아 힘껏 때렸다. 오히려 고모부는 데면데면했다. 그러나 할아버지는 역부족이었고 그 시린 겨울의 서리 내린 마당에서 버선발의 고모는 대를 잡았다. 신이 내렸다고 했다. 얼굴은 번질거렸고 정신없이 흔드는 대나무 끝에는 고수鼓手의 손을 떠난 북소리가 한 번 걸렸다간 날아오르곤 했다. 고모보다 북소리가 마당을 채웠다. 뭐라고 지껄이는지 도저히 알아들을 수가 없었고 길을 만들며 날아가는 북소리는 댓잎 끝에서 파르르 떨다가 승천하듯 날아가고 있었다. 어린 내게 안겨주었던 북소리는 하늘로 오르는 길을 만드는 보이지 않는 존재였다. 문을 닫아걸고 신음하듯 누운 할아버지보다 북소리는 더 큰 존재 같았다. 고모의 행위가 무엇을 의미하는지 알려고도 하지 않았다.

그러나 밖으로 울음을 뱉어내지 않는 북도 있다는 것을 알게 된 것은 초등학교 3학년 때였다. 여러 종류의 북에 딸려 있던 설명들. 그러나 분필로 희끄무레하게 겨우 형체만이 드러난 북 옆에 쓰인 설명. 동네북. 울 줄 모르는 북. 누구나 치거나 건드려도 말없는 북. 헝클어진 머리 흔드는 여인 같은 북. 울음을 안으로 삼켜 강물 같은 물소리가 되어 흔들리기만 한다고 했다. 화를 풀어내는 북이라 했다. 크나큰 인식의 순간이었다. 어머니가 북이라는 생각을 갖게 된 것도 그때였는데 그냥 북이 아니라 동네북이라고 이름 짓고 말았다. 동네 사람 누구도 어머닐 치고 다니지 않았건만 이리저리 마구 떠밀리는 소리 내지 않는 동네북. 아버지와 나를 단골로 둔 어머닌 종일 두들겨 맞는 동네북이었다. 아버진 사업에 실패함도 무위도식에서 오는 열등감도 뱉어내지 못하는 짜증과 무능함을 두더지 잡듯 두들기고는 휑하니 나가버리곤 했다. 나는 태어날 때부터 병약함이 무기였다. 그것은 손에 쥔 면죄부와 같은 것이라고 생각했다. 학교를 다니는 것 외는 아무것도 할 수 없음도 물론 당연한 일이었다. 수많은 결핍에서 자유로워지지 않는 안타까움을 그렇게 견뎠을까. 이름 할 수 없는 설움이거나 답답함으로 점철된 젊은 날을 보낼 때 북을 치며 막힌 가슴을 뚫었다. 한 줌도 안 되는 동네 북을 맘껏 때리며 숨 고르기를 익혔다. 거기에 합세하는 사람이 언니였다. 뇌성마비 아들 하나 달랑 안고 사는 멋쟁이 언니도 한 번씩 집에 들러 북을 치고는 개운한 듯 모르는 체 휑하니 가버리면 그만이었다. 묵묵부답으로 동네북은 사위어가고 있었다. 아니 멍들어가고 있었다. 그 사실을 알지 못했다. 북은 아픈 것이 당연하다는 생각이었으니. 북은 맞아야 함을 지금도 어디선가 맞고 있을 테니까.

가슴에 퍼렇게 저며진 북소리를 안고 어머니는 바닷가를 찾곤 했다. 처음엔 정월대보름에만 소지燒紙를 올리기 위해 바닷가를 찾더니 가슴에 북소리가 차서 운신을 할 수 없을 때 찾곤 하는 것 같았다. 아마 우리들이 북을 때리며 내뱉는 소리들을 소지에 올렸지 싶다. 소지에 불을 붙여 그 종이가 훨훨 공중에서 재가 되어 사그라질 때까지 머리를 조아리며 손이 닳도록 빌었다. 우리들의 가슴에 맺힌 응어리가 없기를 빌고 또 빌었던 것 같다. 태어날 때부터 병약했다는 나는 어머니의 가슴에 얹힌

돌이었고 눈물이었다고 하니 얼마나 긴 시간을 그렇게 빌었을까? 결코 더 이상 동네북이 되고 싶지 않아서가 아니었다. 넉넉한 평화로움으로 다시는 동네북이 필요 없기를 소망하는 작은 기도였다.

소지를 올릴 때는 훨훨 높이 올라가 까맣게 되다 못해 하얀 재로 변해야 소원이 이루어진다고 철석같이 믿고 있었다. 그것은 청아한 소리로 북소리가 더 긴 길을 만들며 날아가야 영험한 일이 생긴다고 하던 고모와 같은 맥락이었던 것 같다. 아무튼 어머니는 우리들이 건드리고 치며 두들겨도 소리 내지 못하는 안타까움을 그렇게 종이 한 장에 담아 올리곤 했던 것이다. 그건 동네북의 들리지 않는 울음이었다. 심술을 쏟아 붓는 것조차도 복에 겨운 듯 아버지가 일찍 비명횡사를 하자 동네북은 온전히 내 것이 되었다. 혼자만이 북 하나를 가졌음을 자랑이나 하듯 의기양양하게 마구 치고 다녔다. 어머니는 결코 피하는 법이 없었다. 단지 오늘이 어제 같기를, 내일이 오늘처럼 모두가 그대로이기를 빌다 눈을 감았으니 그 막막했던 기억을 잊을 수 없다. 실컷 마음 털어낼 자리 하나 없어 아픔만을 안고 살다간 어머니가 삭힌 인고의 세월을 조금씩 헤아리기 시작한 것은 그리 오래 되지 않는다.

지금도 어디선가 북은 울고 있다. 그리고 많은 사람들이 북소리를 그리워하고 동네북을 갈망하고 있다. 그만큼 우리 모두에게 이름 할 수 없는 한이 쌓여 있는지도 모를 일이다. 북은 울어야 한다. 마당 한가운데서 울리던 북처럼 살아 있어야 한다. 그렇다, 북소리는 소망을 위해 길 없는 하늘에 새로운 길을 열고 휘날리는 깃발이 되는 것이다. 투명한 함성 같은 그 소리를 들어보라. 어디서인지 지금도 북소리는 그렇게 길을 열고 있으리라. 어머닌 그 소망의 소리를 가슴에 묻었으니 이젠 펄럭이는 깃발이 되어 하늘을 맘껏 유영할 것 같다. 그러다 구름 한 장 덮고 편히 쉬려나. 들릴 듯 말 듯 내뱉던 말, '저게 언제 사람꼴 갖추나.' 이 말조차도 가슴에 안은 채 북소리가 되어 날아갔다. 울 줄 모르는 게 아니었다. 울지 않는 것도 아니었다. 세상을 품고 산 어머니는 가장 크게 우는 동네북이었다.

그 해 겨울

가을걷이가 끝난 들판에 휑하니 바람이 앉았다 철새 몰려가듯 지나가버리면 난 벌써 겨울을 앓는다. 어느 계절인들 색깔과 빛과 소리로 마음을 사로잡지 않겠냐마는 겨울만큼 애잔하게 가슴에 안기는 계절은 없는 것 같다. 적막해서 서럽고 다 버리고도 의연한 모습에 마음 아파하고 침묵하는 기다림의 자세에서 삶을 배운다. 그 모두가 좋으니 겨울아이로 태어난 그날부터 나는 이미 겨울이 되어 버렸는지도 모른다.

그러나 이런 겨울이 내게 오리라고는 생각하지 못했다. 두 번을 병원 응급실에서 겨울밤을 맞는 일을 겪은 것이다. 어지러워 공중목욕탕에서 세신사들이 일을 하는 침대에서 아래로 거꾸로 내리꽂히듯 떨어진 일이며 얼음 위에서 철버덕 앉아버려 짚은 팔이 골절을 가져왔다. 그것도 두 번 다 일반 병원이 문을 걸어 하루를 쉬는 휴일이라는 붉은 글씨의 날이었다. 이 겨울은 그렇게 내게 온 것이었다.

나는 병주머니들을 매달고 사는 셈이다. 버릴 수 없고 보낼 수도 없는, 반려동물보다 더한 이들과 더불어 몇 십 년을 줄곧 그렇게 살아 온 셈인데 그것조차도 매너리즘에 젖을까 두 번의 응급실을 찾고만 셈이 되고 말았다.

제한된 약도 많고 어디에 간들 꿰찬 병주머니 들추어 보고하기조차 민망해 일상처럼 드나드는 S대 병원엘 갔다. 내 보호자는 언제나 내가 된다. 내 짝으로 살고 있는 사람은 그런 사소한(?) 일에는 눈 하나 꿈쩍 않는 감정의 백지 상태에 들어간 지는 꽤 되었다. 멀뚱히 쳐다보다 다녀오라고 했다.

어지러워 대중목욕탕에서 떨어져 다친 날은 나를 태워간 택시기사가 고맙게도 접수까지 해주었다. 그들에게 인도되자 내 이름만으로 병력은 줄줄이 매달려 나왔고 이름 석 자가 전광판에서 반짝이기를 기다리고 있는 많은 응급환자들 가운데 끼어 앉았다. 전당포 앞에서 들이민 물건에 합당한 액수가 손에 쥐어지기를 바라듯 간절한 마음으로 내 목숨을 맡겨놓고 있었다. 전광판에 이름이 뜨고 내가 가야할 곳이 밝혀졌다. 걸을 수 있느냐는 물음에 고개를 끄덕이고는 이곳저곳 검사장으로 옮겨 다녔다. 혹이 난 머리에서 발끝까지 검사는 끝이 났다. 그리고는 판결을 기다리듯 긴 기다림의 시간을 견뎌야 했다. 배가 고프리라 생각했는지 고목이 되어 가는 나무에 마지막 수액을 부어주듯 링거를 매달아 주었다. 기다림 끝에 내게 내린 몸의 상태는 머리에는 혹이 났지만 타박상과 같아서 시간이 지나면 괜찮을 것이며 갈비뼈는 금이 갔으나 어찌할 도리가 없는 부분이라 조심하며 생활해야 하며 깊은 호흡으로 폐에 물이 차지 않게 해야 한다는 것이었다. 심장은 부정맥이라 우선 24시간 박동기를 달고 검사해야 한다며 침대 하나에 내 자리를 마련해 주었다. 얇은 커튼 하나로 환자들은 방을 만들고 단절되었다. 사람이 살지 않는 곳으로 옮겨진 듯 갑자기 오한이 왔다. 간호사가 몇 번씩 와서는 기록하더니 많이 안정되었다고 며칠 있다 외래로 오라고 했다. 정밀검사는 그때에 하는 게 좋겠다며 복무 기한을 마친 군인에게 하듯 귀가를 허락했다. 아홉 시간을 내 몸을 맡기고 기도하며 기다리다 풀려난 셈이었다.

응급실, 모든 게 응급이었다. 채혈한 혈액을 실은 기구가 머리 위로 레일을 타고 검사실로 가는 게 보이고 당직의사들은 그들의 손길을 기다리는 환자들을 찾아 바쁜 걸음을 옮기고 있었다. 묻고 답하는 문진에서 그리고 검사실로, 다음은 처치로, 아님 입원실로 일사천리로 이루어지던 응급실은 잘 정비된 회전목마처럼 돌고 돌았다. 그러나 곳곳에서 나는 신음소리들이 곡소리 같아 두렵기도 했다. 거기에 앉아 있는 나도 완벽한 한 폭의 그림에 빠질 수 없는 점 하나처럼 그렇게 앉아 긴 시간을 보냈다.

풀려난 몸은 온전하질 못했다. 패대기친 듯 아픔이 아우성치고 있었다. 그러나 뾰족한 방법이 없다고, 추슬러 외래로 오라고 하니 얼마나 고마운 주문인가. 내게 매달린 병마들이 새끼 매단 듯 빙글거리는 소리를 듣는다.

겨울이다. 겨울이면 귀에서는 항상 물소리가 난다. 얼음장 아래로 흐르는 물소리가 난다. 다 주고도 모자란 듯 가슴 앓는 소리가 졸졸거리는 물소리가 되어 흐른다.

그리고 기다림이다. 눈부신 태양이 아니라 보드라운 햇살을 기다린다. 그런 기다림 위에 또 하나의 기다림을 얹는다. 불거진 혹이 사그라지고 금 간 갈비뼈가 편하게 호흡하기를 기다린다. 겨울과 함께 기다림이 결코 싫지는 않다. 겨울이 지나면 봄이 올 테니. 불변의 진리 앞에 웃음을 머금는다.

그러나 웃음이 채 멈추기도 전에 다시 찾은 병원에서 팔까지도 깁스를 한 채 봄보다 깁스를 풀 날을 기다리고 있으니 그 겨울은 내 몸의 반란을 다스리는 시간이 되고 말았다.

바퀴를 굴리며

자전거 소품전을 보기 위해 전시장엘 들어서자 오밀조밀한 각국의 자전거들이 환한 모습으로 다가오고 있었다.

그러나 전체의 윤곽보다 눈에 들어온 것은 바퀴였다. 바퀴를 보면 굴리고 싶어진다는 황동규 시인의 시를 읊조렸다.

나는 바퀴를 보면 굴리고 싶어진다
자전거 유모차 리어카의 바퀴
마차의 바퀴
굴러가는 바퀴도 굴리고 싶어진다
가쁜 언덕길을 오를 때
자동차 바퀴도 굴리고 싶어진다.

바퀴를 굴리면 보이다 사라지는, 사라졌다 나타나는 세상이 그렇게 멋질 수가 없었다. 자전거를 타면서 휘파람을 날리고 세상을 품에 안은 듯 달려보고도 싶었지만 뜀틀 하나도 뛰어넘지 못하니 평생 소망 하나를 심어 놓고 사는 셈이다. 그러니 태워 주는 자전거 위에서 굴러가는 바퀴를 느낄 뿐이었다. 그것도 어른이 되어서야 민망함을 무릅쓰고 방학으로 텅 빈 학교 운동장에서였다. 언젠가 한 번쯤 바퀴를 굴려 보리라. 무한한 세상을, 꿈꾸는 세상을 은륜銀輪에 담으리라. 그렇게 오랜 세월 다짐했었는데 이제는 은륜은 포기하고 자동차 바퀴를 굴리면서라도 배낭으로 익은 스위스와 독일을 누비기로 작정하고 말았다. 온 세상이 바퀴로 보이는 요즈음이다. 아니 내가 쥔 핸들로 달려갈 바퀴들의 세상을 본다. 그러면서 자위한다. 네 발 자전거라고 생각하자. 네 발 자전거로 세상을 품어 보자.

내겐 전율로 남아 있는 바퀴가 있다. 1988년 서울올림픽에서 굴렁쇠를 굴리던 어린 소년을 잊을 수 없다. 눈부신 흰 옷을 입고 가을 볕살로 멱을 감은 굴렁쇠를 굴리던 소년. 그림자를 남겼다간 거두고 거두었다간 다시 소년과 함께 그림자를 드리우던 굴렁쇠와 그날의 정적을 어찌 잊겠는가. 관중들은 손에 땀을 쥐었다. 저 소년의 굴렁쇠가 스르르 넘어지면 어쩌나, 주인의 의지와 관계없이 엉뚱한 곳으로 굴러가면 어쩌나 하는 조바심들이 숨을 멈추게 했다. 잠실벌엔 눈이 내리듯 가을볕이 쏟아지고 있었다, 하얗게.

굴렁쇠는 세계였다. 하나의 원은 평화에 대한 갈구이자 염원이었다. 끝이 없는 사랑이었다. 끝없는 사랑의 상실이 없기를 바라는 사람들이 정적을 낳았다.

바퀴는 굴러야 제 맛이다. 바퀴의 소품이 이곳저곳에 쓰이고 있지만 그래도 활개 편 그들의 모습은 굴러갈 때이다. 역사도 그러하다. 역사의 수레바퀴는 과거의 짐을 미래로 운반하는 장치가 아닌가. 구르지 않는다면 역사는 미래가 없는 종착역이다. 또한 바퀴는 인생이다. 돌고 도는 인생이다. 정지된 바퀴는 늪이다. 늪 같은 인생이다. 앞으로 나아갈 때 바퀴는 바퀴답다.

초등학교 시절이었다. 3학년 때 학교와는 멀리 떨어진 곳으로 이사를 하고는 4년을 줄곧 걸어 등교했다. 내가 다니는 학교가 자랑스러워 전학은 생각해본 적도 없었다. 차를 타고 다닐 형편은 아니었기에 먼 거리를 걸어 다니며 자연과의 교감을 익혔던 것 같다. 펑펑 눈 내린 날 기어이 동상까지도 걸린 적이 있었지만 그것보다 장대 같은 비로 포장되지 않은 길이 물구덩이가 되고 진흙 속에 배추를 실은 리어카가 빠져 나오지 못할 때의 광경을 잊을 수가 없다.

아, 저렇게 가지 못할 때도 있구나. 수건을 목에 두른 남자와 머리에 수건을 쓴 여자는 부부임에 틀림없는 것 같았고 땀을 훑으며 끌고 밀던 광경만이 생각날 뿐 빠져 나왔던가, 구경하느라 지각을 했던가 하는 것은 기억할 수가 없다. 어린 가슴이 콱

막히듯 답답했던 것만이 저장되어 있을 뿐이다.

세 발 자전거도, 두 발 자전거의 경험도 없이 인생의 바퀴를 굴릴 수밖에 없는 어른이 되었다. 그 길은 새들이 길 없는 구름 속으로 날아가듯 보이지 않는 길이었다. 단지 내가 굴리고 지나가면 자취를 남길 뿐이었다. 비뚤어지고 끊어지곤 하면서 쉼 없이 지나왔다. 돌아보니 아득하다. 서툰 솜씨 탓에 회한이 어찌 없으랴. 눈물인들 어찌 그 흔적을 남기지 않았으랴. 그러나 그 자취는 유일무이한 한 폭의 풍경화이다.

이제 그 풍경화에 색깔을 입히고 싶어 네 발 자전거로 떠나려한다. 한 번 들렀던 스위스며 몇 번이라도 싫증나지 않던 독일을 택했다.

마음은 이미 바퀴를 굴리고 있다. 헤세의 고향인 도시 칼브를 찾아 그의 생가를 방문한다. 그리고는 좀은 마음 아픈, 교육제도의 모순 같은 '수레바퀴 아래서'를 생각할 것이다. 아, 그리고 잊을 수 없는 '데미안'을 만나리라. 그리고 바덴바덴의 축제 극장에서 쇼팽의 녹턴을 듣고 싶다. 음악의 선율 속에서 마음 갈피에 갈무리 된 아픔 같은 건 바겐세일 하듯 떨어버리리라. 그리고 늘 가슴에 간직한 숲길, 바덴바덴에서 시작하여 스위스 바젤까지 울울한 숲을 지날 것이다.

스위스로 바퀴를 돌린다. 들어서는 순간 가슴이 열린다. 바람이, 눈부신 초록이 지천으로 누워 있다. 취리히를 지나 레 자방

언덕엔 야생수선화인 나르시스가 눈꽃이 되어 반겨 주리니 하얀 색깔을 입혀 본다. 빨간 도르래 기차를 타고 종루가 있는 언덕으로 가서는 내 눈에 모두를 심으리.

그러면 어설펐던 풍경화는 풍성하고 탐진 색깔들로 꾸며질 것이다. 네 발 자전거로 누빈 세상은 눈물겹도록 아름다울 것이며 그러고도 돌아갈 내 나라, 내 땅이 있음에 힘이 실어진다.

바퀴는 돈다. 그러나 우주 밖으로 튕겨 나가는 게 아니라 출발점으로 겸손하게 돌아옴에 감사할 것이다. 그리고 궤적을 돌아보며 다시 떠날 준비를 할 것이다.

바퀴를 돌린다. 갈 길이 바쁘게만 느껴지는 석양 무렵에.

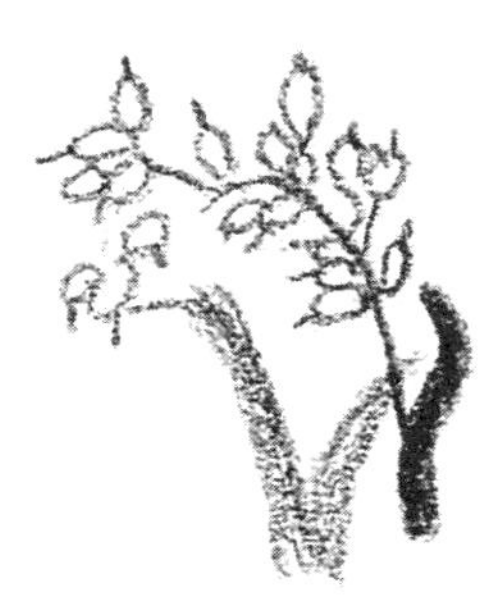

사라진 소리

좁은 골목엔 적산가옥들이 따개비처럼 줄을 이어 있었다. 그리고 거의 매일 어느 집에서인지 모르게 윙윙거리는 소리가 들려왔다. 그건 바람이었다. 바람의 소리였다. 색을 품은 정겨운 소리였다. 눈부신 대낮에 끊어졌다 이어졌다 하는 방망이 소리가 반짝이는 흰색이라면 이 소리는 항상 푸른색으로 내게 왔다.

풀무질 소리였다. 우리 집에도 풀무는 있었고 그것을 돌리곤 했다. 유년이었다. 내게 향수처럼 남아 있는 것 중의 하나는 풍로이다. 흙으로 만든 것이었는데 홀쭉한 주둥이 둘레엔 철사를 둘러 깨지는 것을 방지했던 것 같다. 이 풍로에 불쏘시개와 숯을 넣고 아래 구멍에 대고는 정신없이 돌리는 작은 기구를 풀무라 했다. 적어도 하루에 세 번 죽을 듯 말 듯 힘이 없던 숯불들이 기세 좋게 벌겋게 달아오르던 광경을 잊을 수 없다. 그 위에 놓이던 누런 양은냄비에서 넘쳐 흘러내리던 밥물이며 뚜껑을 열어 후후 불고는 다시 뜸이 돌 때까지는 풀무질은 멈추어 두었다. 풀무가 쉬던 시간. 만져보면 풍로의 열기를 고스란히 받은 듯 뜨겁던 그 느낌조차 간직되어 있다. 지금은 저 세상 사람이 되어 버린 어머니의 얼굴과 겹쳐 있는 것 중의 하나이기도 하다. 풀무질을 하여 풍로 구멍 속으로 바람을 넣어주면 죽어가는 사람에게 먹이는 귀한 약을 먹은 듯 푸른빛까지 띠며 너울너울 피어오르던 풍로의 불꽃. 풀무를 돌려보고도 싶었지만 어린 나에겐 신기한 장면을 구경하는 것만이 허용되었다. 그 풍로와 엄마의 풀무질은 꽤 오래 지속되었지만 까만 연탄에 아홉개의 구멍이 뚫린 구공탄에 밀려 어느 사이인지도 모르게 적산가옥의 현관 한 구석에 처박혀 있다가 버려졌다.

내가 다시 풀무를 본 것은 꽤 오래전의 여행에서였다. 달구어진 가마솥 같은 날씨에 훌쩍 떠난 여행지는 합천 해인사였다. 대구에서 해인사로 가던 시외버스가 야로라고 하는 곳에서 고장이 나자 버스승객을 모두 내리게 했다. 내리자 눈앞에 펼쳐진 선물 같은 5일 장. 다음 버스를 기다리기보다 시골장을 구경하기로 했다. 순하디 순한 눈망울의 소들이며 주는 대로 먹는 튼실한 강아지며… 없는 게 없었다. 커피라도 한 잔 마시고 싶어 돌아다니다 장터에서 꽤 떨어진 곳으로 갔을 때 다방이라는 글씨를 발견했으나 출입문은 닫힌 채 커튼으로 가려져 있었다. 그저 두들겼다.

한참 만에 헝클어진 머리의 여인이 눈을 비비며 나왔다. 커피가 고픈 나는 사정하듯 조아리며 부탁을 했다. 아, 그때 들고 나오던 풍로와 풍구라고 하던 풀무를 보았다. 헝클어진 매무새와는 달리 아주 수월하게 풀무질을 하여 주전자에 물을 얹고는 한 사발의 커피를 주었다.

여인의 너풀거리던 머리채와 춤추듯 일어나던 그 숯불. 퍼런 빛은 알 수 없는 여인이 지니고 있는 가녀린 희망 같은 것이었는지도 몰랐다. 바람을 일으켜 신기루 같은 불꽃을 피워내던 풀무라는 바람의 산실.

세 번째 풀무를 본 것은 3년 전 유기그릇의 장인을 찾아 김천으로 갔을 때였다. 징을 유기로 만드는 장인을 찾아서였다. 그날도 쏟아지는 땀을 주체할 수 없었는데 유기 장인을 만나기 전 그 골목에서 보게 된 것이 대장간이었다. 뜻하지 않은 반가움이었다. 거기서 보았던 풀무는 네모난 상자 같은 것이었다. 벌겋게 달아오른 불 속으로 쇠를 넣어 달구고 있었으니 풀무는 제 할 일을 다 하고 오랜 세월 불과 씨름하는 장인을 지키고 있었다.

사라져가는 것. 어디 풀무뿐이랴. 희망처럼 불꽃을 피워내던 풀무는 언제 자취를 감추었는지 알 길이 없다. 그리고 나도 이젠 희미해진 부모님의 얼굴만큼이나 그 모양새를 떠올리기도 힘들다. 그러나 그리워하는 마음은 가슴 한복판에 자리 잡고 있다가는 울컥거리며 어머니의 얼굴과 함께 내 곁에 앉기도 한다. 문명의 이기로 뒤안길에 버려졌으나 한 가닥 바람이 되어 가슴에 살아있다. 언젠가 우리의 손길이 잊지 않고 찾아줄 날을 기다리며.

아름다운 존재

고운 볕살이 눈을 부시게 했다. 길을 걷다가 우연히 마주친 커다랗고 환한 창문 안에는 가위를 든 손이 바쁘게 머리칼을 자르고 있었다. 창문에 쓰인 '꽃보다 남자-남성 전용 커트 전문점'이라는 까만 글씨가 나를 한 발짝씩 앞으로 내디디게 했다.

세 사람의 늙수그레한 이들이 세밀하게 가위질하고 있었다. 거울에 비친 모습으로 머리를 맡긴이들의 나이를 가늠해 보았다. 일흔은 좋이 지난 듯한 노인 두 사람, 그리고 청년 한 사람이 세 이발사의 손님들이었다. 세 사람은 거울에 비친 자신들의 모습을 흘끔거리며 개미 기어오르듯 차츰 올라오는 가위의 끝을 느끼고 있는 듯했다. 전율이라도 느끼는 것일까. 구경하는 내 눈도 가위의 끝을 따라다니고 있었다.

모두가 뒷모습만 보인다. 나와 가장 가까운 거리에 있는 이가 청년인 것 같다. 젊은이들이 흔히 찾는 미용실을 찾지 않은 것도 놀라웠고, 그래서인지 가위질로 드러난 파르스름한 살갗은 신선하기까지 했다. 돈을 건네더니 젊은 생기를 실내에 남기고는 인사를 하고 나간다. 햇살을 묻혀가는 발걸음이 경쾌하다.

요금은 얼마일까, 궁금해 하다가 어릴 적 집 앞에 있던 좁고 낡은 이발소 생각이 문득 떠올랐다.

키가 작은 어린아이들은 누구 할 것 없이 어른들이 앉는 의자의 양쪽 팔걸이 위에 빨래판을 놓고 그 위에 앉았다. "야, 머리통이 잘 생겼네." 짱구인 내 뒤통수를 보고 한 소리였다. 앞머리는 내리고 뒷머리는 쳐올리는 머리모양이었다. 잘 생겼다는 한마디에 중학교에 입학할 때까지 그 모양을 한 번도 바꾸어 본 적이 없었다.

어릴 때의 이발소는 유일하게 아버지와 지냈던 시간이 묻혀 있는 곳이기도 하다. 투망질해 보면 딱 한 번 이발소에서 아버지와 함께한 그날은 내겐 전무후무한 시간이었으며 또한 그곳은 '아버지의 모습'을 건져낼 수 있는 유일한 곳이다. 훨훨 자유롭게 다니던 아버지 모습이 자리하고 있는 심연 같은 곳이다.

머리를 깎는다고 하면 이발소였다. 그러나 이발소 문화도 얼마나 많은 변화를 가져왔던가. 여자 면도사가 향내를 뿌리며 면도를 해 주던 시기도 있었다. 이들의 등장은 이발소를 저급한 퇴폐의 장소로 낙인찍히게도 했다. 지금도 어디엔가 그런 곳이 있겠지만 세상사 어찌 밝은 곳만 있겠는가. 큰 물줄기에서 어쩌다 남겨진 보잘것없는 가지에 불과하겠지. 그것도 새로운 세계를 모색해가는 한 과정이지 싶다.

요즘은 가끔 남성사우나 앞에서 뱅뱅 돌아가는 삼색의 표지를 볼 수 있어 목욕을 마치고 간단히 머리를 깎고 나옴을 알 수 있으나 이용하는 사람들은 대부분 중장년을 넘어선 사람들이다. 젊은 남성들의 대부분은 미장원이나 헤어 스튜디오라고 이름 지어진 곳에서 여성들과 함께 머리를 자른다. 남성들도 깎는다는 말보다 자른다는 말이 어느덧 수월하게 들린다.

그러니 이발소는 슬슬 뒤안길로 돌아서고 말았다. 몇 년 전부터 남성 전용 커트 전문점이 보이는가 하면 어느새 문을 닫아버리게 되는 경우도 왕왕 있었다. 그리고 거기에서 일하는 이들은 파랗게 젊은이들이다.

'꽃보다 남자' 이 제목으로 젊은 아이돌이 엮어가던 드라마가 생각난다. 요즘은 '꽃보다 할배'까지도 모니터를 휩쓸고 있지만. 지금 생각해 보면 한 송이 꽃보다 남자가 더 낫지 않겠느냐는 메시지 같았다. 같은 이름으로 가게를 차린 세 명의 늙수그레한 이들은 흘러가 버린 젊음이 숨 쉬는 하얀 가운을 입고 듬직한 어깨의 남자들이 오기를 기다리고 있었다. 분명 꽃보다 더 멋진 남자들을.

일터만 잃어간다는 안타까움만은 아니리라. 세 사람의 눈에는 여성화 되어가는 남자들을 보고 있는지도 모를 일이었다. 그러기에 가게는 그들이 잃었던 꿈의 산실을 찾고 남자들만의 서민적인 쉼터를 마련해 주고자 마련했으리라.

하루가 다르게 변화하는 세상살이. 이제는 가부장적인 아버지보다는 가족과 더불어 웃음도 눈물도 함께 나누는 부성애를 지닌 아버지가 대세다. 큰일의 성패에 목숨을 걸기보다 집안에서 웃음을 나누는 그런 아버지들을 만난다.

그러나 왜 아버지의 모습이 사랑으로만 보이지 않을까. 어깨에 내려앉은 우수가 보이는 것은 나만의 잘못된 인식으로 인한 것일까. 따뜻한 아버지는 결코 나약한 아버지를 말하는 것은 아닌데… 가장家長이라는 말이 명실상부하게 살아 있기를 사회도, '꽃보다 남자'라는 가게의 세 사람도 원하고 있었다.

크게만 느껴지던 아버지가 나를 지켜봐 주던 곳이며 아버지의 숨결을 느꼈던 소중한 기억을 남겨준 곳이다. 또한 남자들이 시름을 털어내듯 머리칼을 훌훌 던져내고 어깨 펴고 나오던 곳이 바로 이발소였다.

남성전용 커트전문점이 드문드문 보이기는 하나 옛 이발소를 방불케 하는 '꽃보다 남자'라는 가게 앞에서 감춰진 내 소망을 끄집어낸다. 모든 일에 주눅 든 아들녀석도 하얗게 드러난 목덜미를 만지며 꽃보다 아름다운 존재라는 생각으로 가슴을 펴고 이런 이발소에서 싱글거리며 나서는 모습을 보는 것이다.

모자에 삶을 담아

"폐암 3기입니다. 임파선까지 전이되었네요. 수술은 할 수 없는 부위이니 다시 들러 항암치료 날짜 잡으세요."

눈 어두운 사람에게 신문 기사를 또박또박 읽어 주듯 의사의 얼굴엔 일렁이는 기색 하나 없었다. 순간 사촌동생의 눈엔 커다란 방울이 매달렸다가 손을 놓듯 옷섶으로 힘없이 떨어졌다. 곁에 선 나는 망부석이 되었다.

사촌동생, 정확히는 외사촌동생이다. 우리가 친형제처럼 한집에서 지내게 된 것은 아주 오래전으로 내가 초등학교 3학년, 외삼촌의 두 아들 중 장남이었던 동생이 1학년 때의 일이었다.

생활과 금전과는 인연이 먼 아버지가 사업이랍시고 벌이더니 빈털터리가 되자 잠적해 버리고 채권자들만이 집으로 몰려와 방마다 드러누웠다. 어머니는 버틸 만큼 버티시다가 방을 차지한

이방인들에게 집이며 돈이 될 만한 것을 모두 내주고는 간단한 짐만 챙겨 작은 사륜차에 싣고는 나를 데리고 외삼촌집으로 들어갔다. 을씨년스런 겨울이었던 걸로 기억한다. 그렇게 우리는 한집에서 십여 년 이상을 살았다.

방 셋의 적산가옥. 부엌과 화장실이 딸린 방 하나를 외삼촌 가족이 사용하고, 부엌과 화장실은 없이 작은 쪽방 하나와 조금 큰 방 하나가 우리들의 몫이었다. 방을 빼앗긴 동생 둘에게 다시 동생 둘이 생겼으니 여섯 식구가 그 방에서 어떻게 생활했을까 생각할수록 아득하다. 그 뒤의 변화는 외삼촌 가족이 방 하나를 세를 놓고 직장에서 마련해준 사택으로 옮겨 갔고 거기에서 예쁜 딸아이가 태어난 것이며 바람처럼 살던 아버지의 비명횡사가 낙화처럼 전해진 것이었다. 나는 어머니가 돌아가실 때까지 그 집에서 살았다. 지금 생각하니 두 분에 대한 고마움은 말할 것도 없지만 투정 없이 열심히 공부한 동생들이 기특하기만 하다.

어머니가 돌아가시자 그 집을 나왔고 우린 어쩌다 소식을 물으며 또 조금씩은 잊어가며 세월의 흐름에 생활을 실었다. 내가 결혼과 동시에 고향인 부산을 떠나 상경 했으니 눈에서 멀어지면 마음에서도 멀어진다는 말처럼 잊고 살았다.

그러던 어느 날, 직장에서 퇴근해 오다 우연히 동생을 만났다. 아파트 마당이었다. 타향에서 같은 아파트라니! 반갑고 놀

라움을 어떻게 말할 수 있을까. 내가 연락도 취하지 않고 상경한 탓에 소식이 두절된 상태로 있다가 다시 만났으니 쌓인 회포를 푸느라 날밤을 세우기도 했다.

아내와 아이 셋을 거느린 가장이 된 동생은 그의 직장이 옷을 만드는 회사라서 그러했지만 멋진 옷을 입을 줄 아는 신사로, 또 성실한 생활인이 되어 있었다.

게다가 맛있는 음식을 파는 곳이라면 서둘러 다녀왔고, 음식 맛을 보이고 싶어 안내함을 마다않던 미식가였다. 허름한 집에서부터 으리으리한 집까지 맛집 찾기가 의무인 양 전국을 헤집었다. 우리는 일주일에 한 번 내지 두 번을 우리 집에서 저녁이나 밤을 보내었다. 오지 않을 땐 무슨 일이냐고 묻기가 일쑤였다. 그런 날들이었다. 그러나 호사다마였을까. 오랜 기침으로 이 병원 저 병원 다니다 찾아간 암 센터에서 청천벽력보다 더한 말을 듣게 된 것이었다.

억울함과 분노로 밤을 밝히던 동생이 편백 숲으로 가고 싶다고 안내를 원했다. 축령산의 가슴을 훑어 내리던 쏴아한 바람 속에서 동생의 아픈 마음을 훔쳐보았다. 미동이 없는 동생 곁에 편백과 삼나무가 옷을 갈아입느라 잎을 떨어뜨리고 있었다. 손을 뿌리친 이들과의 쉽지 않은 화해를 하기 위해 여기 오기를 원했을까. 눈길 한 번 주기조차 인색했던 자연에게 진정 고마웠다고 쓰다듬어 주려고 마음먹고 있을까. 화해와 순명, 그 무거운 과제를 풀기 위해 동생은 자신을 다스리고 있음이 분명했다.

늦가을이었다.

"그 이웃에 있는 백화점에 챙이 짧은 납작모자를 파는지 알아봐 줄래요?"

댄디인 동생은 벌써 가을을 멋지게 보낼 준비를 머릿속에 그리고 있었고 나는 백화점에 들러 확인해 주었다. 며칠 지나 동생 내외가 우리 집에 왔을 때, 내가 보았던 회색의 모자는 가장 잘 어울리는 주인을 만난 듯 편안하게 동생의 머리를 덮고 있었다.

요즘 우리가 만나면 하는 놀이는 화투놀이다. 동생은 따는 재미로 화투를 친다. 운7, 기3이라는 말만 믿고 치는 나는 매일 밥이 된다. 의기양양하게 일어나는 동생의 뒷모습에서 이제는 마음을 내려놓고 손을 벌려 차근차근 화해를 익히는 동생을 본다. 그리고 순명을 갈무리하는 그의 뒷모습에서 나를 본다.

"가 볼게요."

"조심해서 가."

오래 앓고 있는 나로부터 동병상련의 위로를 받은 동생이 현관문을 나선다. 봄이 피어나면 회색의 저 모자 위에도 찬란한 빛이 번져나리니, 회색 모자가 현관문을 주인과 함께 오래오래 어김없이 들어서기를 바라는 기도 한마디를 가슴에 심는다.

뿐

"인생은 엮인 새끼줄을 풀어나가는 과정인가 봐요. 그거라도 다 풀고 죽으면 성공인 셈이지유."

하루를 대절한 택시 기사는 이제야 말문이 트였나보다. 나주에서 문씨 가문의 자존심이라는 장연서원, 유유히 흐르는 드들강, 가슴 따뜻했던 간이역 남평역도, 덤으로 역사驛舍 한 귀퉁이에 마련된 찻집에서 민들레차까지 마셨으니 오늘은 충분히 행복했다며 서울로 가겠다고 하는 나에게 아저씨가 성화다. 여기를 다시 찾는 일도 그리 쉬운 일은 아니니 16㎞만 가면 자리하고 있는 유명한 사찰인 화순의 운주사에 들렀다 가란다. 나를 어쩔 수 없게 하는 말, 돈을 더 달라는 것도 아니요 차표를 사둔 것도 아닌데 왜 가지 않으려고 하느냐며 기어이 운주사로 방향을 바꾼 아저씨였다. 참으로 주객이 전도된 셈이었다.

내가 마음을 바꾸자 아저씨는 이야기를 다시 이어나갔다. 인생이 새끼줄인 줄 진즉 몰랐다며 지금이라도 풀어나가는 것이 인생살이임을 알게 되어 마음이 편하다고 했다. 그리고 매일매일이 차츰 가벼워진다고 했다. 쉰두 살의 아저씨는 캄보디아 처녀를 아내로 맞아 돌잡이 딸을 두고 있다고 했다. 속내를 내게 뒤집듯 보이고 나서는 무안한지 한 손으로 머리를 긁적이더니 점심을 같이 먹자고 하는 말을 들었을 때 이미 어떤 이야기를 해도 괜찮으리라 생각이 들었다고 했다.

그렇다. 곳곳마다 내려 내가 사진을 찍을 때마다 절룩이던 아저씨의 다리가 가슴을 아리게 했다. 아린 가슴을 쓸어내리며 정오를 넘겼기에 식당을 만나면 함께 식사를 하자고 권했던 것이다. "같이 식사해요." 단지 그 말 한마디만 했을 '뿐'이었다.

그러나 택시를 다른 기사에게 넘기고 나서야 식사를 한다고 했다. 새벽녘에 나왔기에 식사 후는 식곤증으로 운전하기 어렵다며 거절한 터였다.

운주사로 가는 길에 생각의 끈을 풀었다. 두어 달 전, 난 지인으로부터 난감한 이야기를 들었다. 작은 회사에 입사한 아내가 높은 학력을 사실대로 기재했을 '뿐'인데 다른 사람들로부터 시기와 질투를 받는다는 이야기였다. 아무 짓도 하지 않은, 단지 높은 학력을 썼을 '뿐'인데… 필요한 요건에 응했을 뿐인데.

'뿐'이라는 것이 주는 미묘함이었다. 얼마나 많은 경우를 파생

시키는가. 그 경우만을 한정하는 것. 한 음절의 낱말이 여러 경우를 가져옴을 경험하게 된다. 지인의 경우는 운이 없는 경우다. 어떠한 다른 몸짓, 행위 하나 없이 그것뿐이었는데 치졸한 방법으로 당한다는 것은 속상하고 억울한 경우다. 그에 비해 난 미미한 말 한마디만 한 것으로 이미 속살 내비치듯 한 사람의 마음을 쏟게 했고 덤으로 유명하다는 사찰로 가고 있으니 얼마나 행운인가.

명사에 붙어 '당신뿐'이라든가와 같이 하나만을 한정하는 경우도 비슷한 예일 것 같다. '뿐'이라는 말의 효용을 생각하게 했다. 최소한의 행위나 수단인 '뿐'. 살아오면서 단지 그것 하나만 했을 뿐인데 덤으로 받았던 경우가 많았음에 새삼 감사하는 맘이 들었다.

중국을 여행할 때의 일이었다. 심양에 유학 가 있는 학생과 4박 5일을 지나고 나서 돌아올 때 남은 누룽지를 주고 떠나왔다. 한 달 넘게 배앓이를 하고 있는 터인데 잡힌 일정이라 취소할 수 없어 가게 된 여행이었다. 그동안의 내 식량이었고 그것조차 다 먹지 못하고 남았던 것이다. 남은 것이 짐스러워 누룽지 한 봉지를 주었을 '뿐'이었다. 헤어질 때 주소를 묻기에 가르쳐 주고는 보통 만나서 헤어질 때의 상례 같은 것이라 잊고 지냈다. 그런데 한 달쯤 지났을까. 집으로 소포가 왔다. 겉봉에 '염주'라고 되어 있었다. 그녀의 이름을 보는 순간 반가운 마음으로 조심스레 풀었을 때 거기엔 우리가 들렀던 기념품 가게에서 보았던 진주알로 만들어진 묵주가 들어 있었다. 그녀는 내가 가톨릭 신자이며 묵주기도를 하는 것을 유심히 보았던 것이다. 묵주가 들어갈 수 있는 주머니조차 까만 실로 뜨개질을 해서 손수 땀땀이 꿴 묵주를 그 속에 넣어 보낸 것이었다.

어려운 공부를 하면서 만들었다는 사실에 뭉클했다. 그 유학생에게 더 해줄 수 있는 걸 생각해 보지도 않았다. 단지 남아서 짐스러운 누룽지 한 봉지를 주었을 '뿐'이었다. 물론 고맙다는 답신을 보냈지만 거기에 더 보탬하지는 못했다. 가벼운 '뿐'이 감동이 되어 내게 돌아왔다.

회억의 길목에서 고마웠던 유학생을 생각하는 동안 운주사에 도착했다. 운주사는 천 개의 부처와 천 개의 탑으로 이름을 얻고 있는 사찰이다. 들어서자 탑의 도열이었다. 멀리 보이는 와불상이며 석불들이 낮은 중생의 얼굴로 오랜 세월 비바람에 마모되어 있었다. 고려 초기에서 말기까지 제작되었으리라 짐작한단다. 하회탈 같은 석불이 부처라기보다 따뜻한 서민의 얼굴로 느껴져 오히려 신선한 감동이었다. 이것을 보여 주고자 아저씬 나를 여기까지 데려왔나 보다.

아저씨도 오늘 꼬인 새끼줄 한 줄 풀었을까. 내려서 깍듯이 인사하고는 절뚝이며 그의 삶의 터인 택시에 오르는 아저씨의 뒷모습이 크게 보였다.

'뿐'이 엮어낸 하루의 위안, 선물이었다. 감사함을 누구에겐가 다시 전하리라. 다시 '뿐'이라는 행위로나마.

2.

그의 실루엣

그런 그에게 미세한 변화가
일어나고 있었다.
희로애락의 감정을 하나씩 놓기 시작했다.

동 행

6년의 세월을 같은 교문을 드나들며 비교적 가까이 지냈으나 친구를 이해하려고 해본 적은 없었다. 내가 프러시언 블루라고 하면 친구는 일곱 색의 무지갯빛 같다는 생각으로 작은 벽이 생겼는지도 몰랐다. 그러나 여행의 동행이라고 하면 그럴싸하게 맞을 것 같았다. 그랬다. 적어도 외형적인 조건이 우린 맞았다. 동갑의 글쟁이며 그림을 좋아하고 클래식 마니아며 여행에의 유혹을 뿌리치지 못하는 헤픈 마음이며 아름다움에 부끄러운 줄 모르고 흥분하는 것까지도 비슷했다.

친구가 두 사람만의 자동차 여행을 제안해왔다. 손수 운전하며 두 나라를 돈다는 것이 얼마나 힘들고 인내가 필요할 것이라는 것은 계산에서 빼버리고 손을 부딪쳤다. 헤세Hesse가 유년을 보낸 독일의 칼브Calv와 43년 동안이나 작품 활동을 하고 마지막을 묻은 스위스의 몬타뇰라M0ntagnola까지. 몇 번의 여행으로도 가보지 못한 독일과 스위스의 변두리를 누비리라 생각하며 망설임을 접었다. 설렘이었다. 프랑크프루트에서 차를 빌려 독일에서 나흘, 그리고는 스위스에서 열나흘을 그리워하던 곳을 눈에 담고 취리히에서 차를 반납하고 돌아오기로 하였다. 동행을 그렇게 시작했다. 줄줄이 병마를 매단 나는 친구에겐 건강한 듯 어깨에 힘을 주며 나선 길이었다.

동행이란 무엇인가. 함께 간다는 단순한 의미로만 이루어질 수는 없다. 더구나 자동차라는 작은 공간 속에서의 숨 쉬는 시간이 더 많은 여행에서야 말할 나위도 없다. 등대처럼 내비게이션을 앞세웠지만 외국어로 나오는 짤막한 멘트가 얼마나 당혹함을 가져왔던가. 동행이란 2인 3각의 행진이다. 한 사람의 욕심이 가는 길을 더디게 하고 또 한 사람의 유약함이 길을 멈추게 한다. 들숨날숨이 맞아야 가는 길이 평화롭다.

흥분과 기쁨으로 새로운 곳에 도착할 때마다 반가운 손님처럼 안기던 성취감과 안도감보다 걱정과 조바심의 무게가 더 무거웠다. 질곡의 삶처럼 길 위에서 길을 잃을 때, 망연히 서로 쳐다보았으나 왜 내 탓이라는 말이 그리 수월하게 나오지 않았던지… 잘못 든 길이 하루를 저물게 했다. 지도에 나와 있는 도로를 따라 달리기는 했지만 덤처럼 또 하나의 작은 길이 나타날 때의 막막함. 임시공사로 도저히 해결책이 없을 땐 낯선

이국인들이 길을 가르쳐 주었지만 외국어에 길들이지 못한 청력의 한계로 다람쥐 쳇바퀴 돌기도 수없이 했다.

독일의 하늘을 가린 숲. 오죽하면 검은 숲일까. 온통 숲으로 덮인 길엔 적막과 어둠이 내려앉곤 했다. 그러나 아침이 열리기만 하면 안개가 춤추며 피어올랐다. 그것은 환상적인 베일이었으나 차를 몰아야 하는 우리에겐 앞을 가린 우수憂愁였다. 독일과 스위스인 그들은 숲으로 숨을 쉬고 또한 숲은 자원이 되고 힘이 되어 있었다. 그 힘 속을 수레바퀴를 돌리듯 헤치며 달렸다. 말을 잊기도 했다. 적막을 깨뜨릴 용기를 내지 못했다. 내비게이션의 속삭임이 묻혀버릴까 봐 전전긍긍하며 달려간 긴장의 연속이었다. 끝없는 독일의 아우토반, 꿈을 꾸듯 달리다 나가는 길을 놓치면 하루가 저물었다. 또한 스위스의 높고도 구불거리는 길은 귀를 먹먹하게 했다.

동행이란 무엇인가. 하늬바람이 높새바람과 어우러져 너울너울 춤추며 산야를 누비고 수없이 많은 호수에 빠져 있는 하늘이 구름과 더불어 쉼 없이 가고 있는 눈짓과 같다. 맞잡은 손에 땀이 흘러도 쉬이 빼낼 수 없는 침묵의 약속 같은 것이다.

인생의 길이다. 그 길에서 만나는 크고 작은 일들의 부딪침이다. 산다는 것, 삶을 영위한다는 것은 혼자만의 길을 만들어 두고 갈 수는 없는 일이다. 네가 있으니 내 길이 보이고 내 길에서 네 길을 찾는다. 너른 바다 위에서 비바람과 풍랑을 만날 때처럼 공동의 운명 줄에 서로를 묶는다.

나흘간의 독일일정을 뒤로하고 산악의 스위스에 도착해서 통행증같은 비네트를 40유로를 주고 살 때 진정한 동행은 지금부터구나 하는 설렘과 불안이 함께 왔다. 인생의 길과 같은 좁고도 높은 구절양장의 길을 도저히 피해갈 수 없었기 때문이었다. 그것은 우리가 택한 운명과 같은 것이었다. 새로운 곳에서 얻는 흥분을 위해 떠나야 했다. 단지 명심해야 할 것은 상대방의 실수를 나도 능히 저지를 수 있다는 관대한 마음이 아니고는 동행은 불가능하다. 2인 3각이니까. 상대방의 호흡을 다시 읽는다. 그 호흡에 나를 얹는다. 나는 없고 '우리'라는 커다란 괫말을 다시 안고 떠난다. 그리하여 하루를 끝내고 밤이면 찾아들어가는 잠잘 곳도, 한 끼의 식사도 감사 기도의 대상이었다. 이런 동행은 그저 산야가 내리쏟아주는 맑음과 숲의 힘에 멱 감으며 일체가 되어 달리는 것이다. 동행하는 이의 호흡이 나의 숨결임을 믿는다.

열여드레가 지나 취리히에 도착하여 애마처럼 쓰다듬으며 몰고 온 볼보승용차를 돌려주었다. 그리고 2인 3각의 끈도 풀었다. 가슴에 꽉 찬 이름 할 수 없는 것으로 아무런 말도 나오지 않았다. 우린 해내었고 무사했다. 젖은 눈으로 서로의 등을 쓰다듬는데 유월의 끝자락이 진초록 물결에 출렁이고 있었다.

가을, 감나무 아래

질긴 햇살을 걸머지기도, 걸러내기도 하더니 바람은 그새 심드렁해졌나 보다. 나뭇가지를 설핏 건드리며 모른 체 달아난다. 볼이 고운 어린애 같은 열매와 눈 마주치더니 거기에 앉아버린다. 아직은 튼실함보다는 눈웃음 같다. 내 눈이 머문 곳은 고욤 같은 어린 감이 매달린 감나무다. 얼마 지나지 않아 동글납작한 제대로의 모양으로 침을 고이게 하리라.

어릴 때부터 열매를 매달아 주는 과실수들이 좋았다. 서늘한 가을 추석 즈음이었으리라. 외가라고 들를 수 있었던 이모님 집, 바닷가 사립문을 들어서면 감꽃이 져 버린 자리에 감이 주렁주렁 매달려 있었다. 아이들의 간식거리로 감나무를 심었을까. 어느 집 감이 더 크고 단맛을 더할까 내기라도 하듯 집집마다 감나무일색이었다. 지금 생각해 보면 석류나무도 벌어진 입을 다물지 못하고 고른 이빨을 드러내고 있었던 것 같다. 그러나 감이 주는 배부름을 석류는 따라오지 못했다. 나도 언젠가 마당에 감나무를 심으리라 생각하며 어른이 되었다.

그러나 감나무를 심을 수 있는 기회는 오지 않았다. 적산가옥이 아니면 자취방이 고작이었는데 오랜 세월을 거쳐 지금의 아파트로 이사하면서 이층에서 내려다보이는 정원을 내 마당으로 삼기로 했다.

아, 감나무를 심어야지. 그러나 아파트 정원에서는 모과와 대추나무가 잘 자란다고 했다. 사다 심은 대추와 모과나무. 그러나 몇 년을 버티지 못하고 대추나무는 사이프러스나무처럼 꼬불거리더니 열매도 맺지 못한 채 쇠잔한 늙은이같이 말라갔다. 그러나 사람들은 대추나무를 죽었다는 말로 표현하지 않았다. 대추나무가 머리 풀고 미쳤다고 했다. 모과는 일곱 개를 매단 것을 정점으로 아기 불알 만하게 매달렸다가 떨어져 버리곤 했다. 내 정원의 꿈은 그렇게 무참히 스러졌다.

그러다가 반대편 정원으로 눈을 돌린 어느 초가을, 휘어진 잎새 사이로 매달린 감을 보고야 말았다. 그것도 단감이었다. 그때서야 후회했지만 돌아온 것은 앞집 감나무에 대한 부러움이었다. 한 개쯤 따서 먹으면 옛날의 그 맛이 살아 있을까. 급히 따서 쓱쓱 치맛자락에 문지르고는 그대로 먹던 그 가을의 맛 같은 것이….

어느 날 어스름이었다. 그 감나무의 임자가 있는지 아니면 아파트의 조경수로 심어 놓은 것인지 아랑곳없이 경비아저씨들의 눈을 피해 감 하나를 따려고 갔다. 가지를 비트는 순간 할머니 한 사람이 회초리를 들고 고함을 지르며 어디에선가 나타났다. 감이 하나씩 없어졌다는 것과 아이도 아니고 알 만한 어른이 그 짓을 하고 있었다고 야단을 쳐 억울한 덤터기는 다 쓰고 말았다. 자초지종을 얘기하며 사죄했다. 어떻게 화를 풀리게 했는지 기억할 수 없지만 그 자리를 모면하고 물러나올 수 있었다. 꽤 오래전의 일이다.

할머니는 아파트에 이사 오자 고향에 대한 향수로 감나무를 심었고 아기 다루듯 정성으로 가꾸었다고 했다. 그는 초등하교 교장선생님으로 퇴근 후엔 아예 감나무 곁에서 지난날을 회억하며 없어지는 세월에 붉게 가위표를 하고 있었다. 매일 감을 세면서 모자라는 감의 수만큼 회초리를 다듬고는 어느 나무 뒤에 벼르고 숨어 있었겠지. 나 혼자만 모르고 있었다. 할머니가 얼마나 무서운 호랑이 교장선생님이며 그 감나무 곁엔 얼씬도 할 수 없다는 사실을. 경비 아저씨들이 고개를 흔들었다. 민망하고 부끄러워 그 감나무 곁엔 가고 싶지도 않았다. 해마다 그 감나무는 내가 유혹을 이겨내기 힘들 만큼 크고 튼실한 감을 매달아 가을을 물들였다. 볼수록 신기했다. 그러나 감나무를 잊기로 했다. 그날의 당황스럽고 수치스러움이 피멍이 되었다.

반중 조홍감이 고와도 보이나다
유자 아니라도 품은 즉도 하다마는
품어가 반길 이 없을새 글로 설워하나이다.
- 박인로

감 하나를 품어가도 반겨줄 어머니가 계시지 않음을 서러워하는데 유년의 기억에서 배부름을 채워 주던 풍요로운 가을빛을 그리는 내가 자꾸 작아지며 부끄러움만이 무게를 더했기 때문이었다. 정말 감나무를 잊고 지냈다.

그런데 얼마 전이었다. 성당에서 모임을 갖고 꽃을 들고 돌아오는 길이었다. 아파트의 정원 곁엔 쉬었다 가도록 의자가 놓여 있었다. 내가 그 곁을 지나오자 의자에 앉아 있던 노인 한 사람이 벌떡 일어서더니, "아, 참 꽃 곱다. 내 줘." 하지 않는가. 깜짝 놀라 쳐다보니 호랑이 교장선생님, 바로 그 할머니였다. 야윌 대로 야위고 흰 눈 내린 머리카락에 말을 잊었다. 하늘이 흔들리는 것 같았다. 오랜만의 만남이었다.

이웃에 물어 알게 된 사실은 퇴직 후에 치매로 고생하고 있다는 것과 얌전한 어린아이처럼 군다는 것과 감나무를 챙기지 않는다는 것이며 하루에도 몇 번씩 그 자리에 나와서 앉아 있다가는 집으로 간다는 것이었다.

삶이란 그런 것이었다. 손에 쥘 수도 없고 품을 수도 없었다.

내 것인 것 같지만 내 것은 아니었다. 슬픈 가을의 길목에서 산 그늘이 놀러 오는 어스름에 할머니는 정신 줄을 놓고 오도카니 어린아이처럼 내 꽃을 탐했던 것이다.

우리와는 무관하게 감나무는 할머니의 정성과 영혼까지도 자양분으로 받아들여 올해도 실하게 열매를 맺을 양으로 꽃이 진 자리에 시골의 아낙처럼 부끄러이 감을 빚어 올리고 있었다.

망연히 감나무를 바라보았다. 가을빛이 짙어지면 할머니가 서슬 푸르게 회초리를 들고 감나무 곁에 있기를 간절한 마음으로 빌었다. 다시 감이 영글면 나의 유년의 꿈이었고 할머니 일상의 전부였던 감나무 아래 할머니와 함께 한 폭의 그림으로 서 있고 싶다.

그의 실루엣

문을 열고 들어섰을 때 패잔병도 없는 점령지의 황량함처럼 거실은 졸고 있었다.

십자수 같은 가로 세로 열아홉의 바둑판이 모니터에서 소리 죽이고 지나가는 바람을 여과했다. 창밖에서 열한 개의 푸른 모과가 기웃거리며 살아있음의 눈짓을 보내는 오후였다.

그가 거기에 있었다. 거실 모퉁이 소파에 죽은 듯 있는 그를 보았다. 그림자가 흔들렸다. 꿈속을 헤매고 있는 걸까. 어제 운동한다고 나섰다 피어나는 안개처럼 뿌연 동네며 높은 건물들이 끌고 다니던 몽환의 순간들을 이어가고 있을까. 그는 길을 잃었던 것이다. 하나씩 기억의 줄을 놓고 있는 그를 생각하며 책장이라도 정리하려고 그의 방으로 들어섰다. 왜 낯설까, 자기 것이라면 아까워 움켜쥐고 살던 그가 어찌 저리 모두를 놓기 시작했을까를 생각하며 나를 내려놓았다. 한지 한 장도 손을 대면 큰일 치르듯 질색하던 그의 글씨들이 한지 위에서 주인을 잃고 뒹굴고 있었다. 벽장문을 열었다. 책들이 먼지를 뒤집어 쓴 채 열병식을 하고 있었다.

누렇게 바래어지고 그의 건강만큼 바스러진 책을 뒤진다. 책마다 뒤표지 바로 앞에는 그의 눈길을 거쳐 쌓인 지식이나 심어진 땀방울이 얼마나 책갈피를 적셨는지 공룡의 화석처럼 박혀 있었다. 일곱 번째 읽음(○년 ○월○일) 여섯 번, 세 번, 여덟 번… 책마다 단정한 글씨가 기도 같기만 했다. 그건 진정 기도였다.

그러다 발견하게 된 연한 초록의 비닐봉지 속에 가지런히 누워있는 원고지 뭉치. '시험 인생'이라는 큰 글씨가 눈을 막았다. 원고지 끝에는 '802'라는 숫자가 마감을 알렸다. 그가 글을 쓰다니. 세상을 잊은 사람처럼 털썩 주저앉아 읽기 시작했다.

그가 살아온 생의 전부가 '시험 인생'이라고 한마디로 적고 있었다. 부제로는 -살아온 날들에서 남기고 싶은 것들-이라고 되어 있었고 퇴직 후에 가장 하고 싶은 것 중의 하나였다고 밝히고 있었다. 시험이 아니었던 것은 세상에 귀를 내밀게 된 일이었으며 그것은 나중에 빈농의 육남매 맏이라는 계급장이 되었다는 것이었다.

난 애절한 이야기를 품은 수채화 속으로 걸어 들어갔다. 아버지를 따라 밭일을 하고는 산허리를 에둘러오는 바람을 맞으며 돌아오는 중학생인 그를 보았다. 운명이었다. 부자가 입은 옷은 모습 그대로 무채색이었다. 그는 디딘 발 앞에서 넘어지는 새소리는 듣지 못했다. 들리지 않았다. 노동 앞에 새소리는 무능했다. 부리를 세우고 날아가는 새들의 무리도 보지 못했다. 어제와 오늘의 구름이 다르고 태양의 각도가 다름도 그에겐 알 바 없는 사실이었다. 바통터치를 하는 사계의 흐름도 알지 못했다. 자신이 시험 인생으로 걸어 들어가고 있음을 알고 있을 뿐이었다. 고등학교를 졸업하자 철학과목 교사 자격증을 획득한 그는 어떠한 철학으로 시험 인생을 맞았을까. 산다는 게 만만치 않음을 깨닫지 않았을까 싶다. 결혼 후 늦은 고시의 합격으로 그가 맞은 것은 기쁨보다 셰르파도 없이 올라야 할 히말라야 산정 같은 인생 앞에서 어떤 시험의 수순으로 나갈 것인가 산의 형세를 가늠해야 할 과제 같던 것이었다. 연수도 승진도 훈장도 모두 시험 후의 습득물이었다. 몇 번씩 넘어지고 일어나며 가끔은 불운도, 행운도 스치는 바람처럼 그를 안았다간 놓아두고 갔다. 몇 십 년을 똑같은 보폭으로 걸었고 자리를 비워달라는 날 아무 말 없이 집으로 돌아왔다.

그는 물고 늘어지던 시험과 일에 결별의 입맞춤을 건네고 영원한 휴식과 쉼 속에서 자유롭기를 원했다. '백수가 과로사 한다.'는 우스개와는 전혀 무관했다. 찾아오는 이도 찾아가는 일도 없었다. 종일 한 발짝도 집 밖으로 나가는 일이 없었다.

그런 그에게 미세한 변화가 일어나고 있었다. 희로애락의 감정을 하나씩 놓기 시작했다. 얌전한 손님이 되어 먹고 자고 그리고 TV와의 눈싸움으로 거실에서 365일에 하나씩 금을 그었다. 그러나 금은 보이지 않았고 지워져갈 뿐이었다. 아침이면 그가 숨을 쉬고 있는지 확인하는 버릇이 내게 생기고 말았다.

그렇게 치열하게 시험에 매달려 살고 있는 줄 몰랐고 아니 환희로 삶을 영위한다고 생각했다. 일이 재미요 일이 없으면 삶의 의미조차 없다고 생각하는 나 이상으로 그도 그러리라 생각했다. 그러나 그는 '빈농의 맏이'라는 계급장을 달고 구절양장의 시험 위를 디디며 걸어온 길을 802페이지의 원고지에 쏟아놓고는 감정의 끈을 한 줄씩 놓고 있는 것 같았다. 눈 붉혀 미워할 것도 눈 아리게 그리워할 것도 없이 가슴만 젖어 있는 그를 보았다. 원고지 속엔 치열하게 살아온 남자의 삶이 누구의 박수도 받지 못한 채 점철되어 있을 뿐이었다. 노을 진 인생의 끝자락에서 살아온 길을 한 폭의 수채화처럼 원고지에 누벼 둔 것을 보자 격려도 위로도 한 적 없음이 더없이 미안했다. 죽은 듯 누워 있는 그의 실루엣이 시폰으로 만든 블라우스처럼 가만히 흔들렸다. 미망의 세월 속에서도 꿈을 꾸고 있구나. 아직은 살아있음이 반가움으로 오자 남편이라는 이름의 그의 실루엣 속에 처음으로 미안함과 애잔한 정을 몰래 묻었다.

비밀이었는데

아버지는 바람이었다. 어디서 와서 어디로 가는지 알 수 없는 그런 바람이었다. 잠자다 엄마의 신음소리에 깨어날라치면 언제 왔는지 집에 왔다가는 말없이 배웅하는 엄마의 눈길을 피하듯 부리나케 빠져나가던 그런 뒷모습이 아버지의 전부였다. 기억의 끝자락은 초등학교 2학년 때이고 그 다음 해 아버지의 빚 정리로 적산가옥이었던 2층 집을 주인인 양 방마다 진 치고 자리한 채권자들에게 내놓고 정들었던 집을 뒤로 했다. 아버지는 나타나지 않았다.

부끄럽고 미안한 마음은 접어두고 외삼촌댁에 둥지를 틀었다. 어머니는 일벌이 되었다. 일벌이 어찌 꽃을 가리랴. 레이션박스를 저녁이면 하나씩 얻어올 수 있던 미군부대며 머리에 얹은 똬리 위에 세월의 무게만큼 무거운 채소 다발들은 어머니의 즐거움이었다. 아니 안도의 한숨을 쉬게 하는 것들이었다. 휘장처럼 내려뜨려진 어둠 속에서 돌아가던 싱거미싱 소리에 어머니는 구성진 노랫가락을 얹었다. 어머니의 세월은 쳇바퀴 돌 듯 돌아가고 내 일상은 닥치는 대로 책을 읽는 것으로 채워져 갔다. 아버지의 존재는 잊혀져가고 그리움도 야속함도 시들해졌다.

그러한 시간들로 세월은 누벼져 갔다. 일곱 해라는 산을 넘었다. 라일락이 꽃비가 되어 서럽게 내리던 오월이었다. 아름다운 오월에 훼방꾼처럼 마음 짓누르는 중간고사라는 학교의 행사는 꽃비처럼 찾아왔다. 시험이 끝나면 꽃비를 맞으며 퍼렇게 멍들어 울어대는 바다로 가리라. 해마다 손꼽으면서도 이루지 못했던 꿈을 또 다시 간직했다. 쉽게 이루어지는 것보다 더 값진 추억이 되리라 자위하기도 했다.

시험 첫날은 긴장 속에서 어떻게 시간과 시험지를 메웠는지 알 수 없이 지나가고 또 다음날을 위한 준비에 골몰하리라 다짐하며 돌아왔다. 휑한 집인데 우체국 아저씨는 나를 기다린 듯 편지 한 통을 건네주었다. 지금은 기억 한 자락에도 남아 있지 않는 어느 군 부대였다. 집에는 남자라고는 아버지 한 사람이었고 그것도 두절된 지 오랜 시간으로 행방조차 알 수 없기에 잘못 온 것은 아닐까 다시 보아도 어머니에게 온 것이었다.

내 손에 들려진 편지는 아버지의 죽음을 알리고 있었다. 군에 입대할 나이도 아니요, 부대와는 아무런 연관조차 없는 아버지는 부대에서 무엇을 했다는 것일까. 어찌하여 군부대에서 아버지의 죽음을 알리는 걸까. 과실치사라고 했다.

아버지는 비교적 유복한 가정의 장남이었다. 삼촌 둘, 고모 둘이 내가 기억하는 아버지의 형제자매들이었다. 할아버진 장남은 유식해야 동생들을 거느릴 수 있다고 아버질 일본에서 공부를 하게 했단다. 바로 그것이 불행의 시초였다. 할아버지가 눈을 감게 되었을 때 공부 많이 한 녀석은 논이나 밭뙈기가 없어도 살 수 있다며 한 뼘의 땅도 주지 않았고 삼촌 두 사람에게 논밭을 나누어 가지게 했단다. 큰삼촌에게는 제사 마련을 위해 더 많이 주어졌던 것도 그때서야 알게 되었다. 더 많은 유산을 받은 큰삼촌은 그것조차 복에 겨운지 얼마 지나지 않아 세상을 떠났고 어머니와 내가 사는 것에 목숨을 걸 때 아버지는 큰삼촌 대신 땅을 갖게 된 숙모에게 하루에 한 번씩 들러서는 할아버지 유산을 팔지 못하게 감시하는 것으로 긴 세월을 보냈던 것이었다.

세월이 숙모를 변하게 했을까. 어쩌다 정분 난 숙모는 아버지의 출입이 불편할 수밖에 없었겠지. 그날도 어스름 무렵 아버진 삼촌 집을 찾았고 숙모를 찾아온 젊은 군인의 손에 들려진 총을 맞아 아버진 그대로 숨지고 말았다.

어둠 속에 짐승이 나타난 줄 알았다는 것이 그 군인의 변명이었고 힘없는 어머니와 나는 부대에서 처리해 주는 대로 따르는 무식함을, 평생 후회할 무식함을 씹을 수밖에 없었다. 부대 넓은 광장 한 귀퉁이에 아버진 누워 있었다. 하얀 텐트 아래.

내게 비밀이 생긴 것은 그때였다. 아버지가 총을 맞아 비명횡사했다는 부끄러운 소리를 할 수가 없었다. 그것도 할아버지가 남긴 밭뙈기의 한 뼘이라도 숙모로부터 빼앗으려 한 것은 아니었을까 하는 생각에 아무도 아는 사람이 없는데 얼굴이 달아오르기도 했다.

방법은 하나였다. 시험이 끝나는 날까지 결석을 하지 않으리라. 장례는 시험 끝난 뒤의 일요일에 하리라. 어머니에게 간청도 하고 부대에 가서 사정을 얘기하기도 했다. 닷새였다. 하루의 시험이 끝나면 부대로 가서 책을 읽었다. 아버지 기일이 음력 사월 열흘이니 닷새 동안의 달빛은 비수보다 더하게 꽂히고 푸르다 못해 가슴까지도 멍이 들고 있었다.

달빛을 타고 내려오는 아버지의 모습은 책 위에서 일렁이다 사라지고 포르말린 냄새는 도망가고 싶을 만큼 역하고 슬펐다. 장례엔 변변한 상여도 물론 상여꾼도 없었지만 어이어이 울음 뱉는 사람도 없었다. 아버지의 시체는 화장장에서 가루가 되어 나와 마주했다. 내 팔에 안기던 아버지는 한 줌이었다. 바다와 강이 보이는 곳에서 풍장을 했을 때 바람을 따라 바람 속으로 들어가 바람이 되는 아버지의 편안한 모습을 볼 수 있었다. 어머니도 나도 마른 눈을 문질렀다. 아버지의 죽음은 살아가는 일보다 훨씬 작은 일이었기 때문이었다. 다만 어머니는 집으로 돌아오셨을 때 노리개 같은 곰방대에 담배를 짓이겨 피우셨고 나는 비밀을 어떻게 간직할까 궁리했다. 멀지 않아 어머닌 곰방대를 힘없이 내려놓고 눈을 감았지만.

오월의 푸른 하늘 아래 시험에서 벗어난 후련함만 안고 아무 일도 없었다는 듯이 등교했다. 학교에 갔을 때 학생들도 심지어 이웃도 아버지를 입에 올리는 사람은 없었다. 나의 아버지는 아주 일찍 이미 바람이 되어 바람으로 살고 있었던지도 모를 일이었다. 아버지의 죽음, 음험했던 닷새의 비밀스런 기억은 이젠 빛이 바래져 이름 할 수 없는 그리움으로 남았는데 아버지의 바람 같은 혼백은 내게 들어와 오늘도 길 떠날 채비를 하고 있다.

그날이 오면

사는 것에 무엇이 우선일까. 나는 무엇에 우선을 두는 걸까. 배반도 변함도 없는 자연을 사랑하면서도 '사람의 일'이라면, 특히 누군가가 어렵다고 하면 내가 가진 능력 따위는 가늠해볼 생각도 없이 거절하지 못하는 일종의 미련퉁이다. 한마디로 사람을 지나치게 사랑한다.

왜목마을. 사람이 누워 있는 모양 '와목臥木'에서 그 이름이 유래했다는 왜목마을! 그저 아늑하고 조용한 포구 같은 서해안 마을, 당진 왜목마을에 선물처럼 내려진 것은 일몰뿐만 아니라 일출을 볼 수 있다는 것이다.

그러나 바다에서 해가 떠오른다고는 하지만 서해에서 볼 수 있는 값진 일출이 쉽게 얻어질 수 있는 건 아니다. 망망한 대해에서 산모가 몸을 풀 듯 내놓는 동해의 일출에 비하면 뜨거울

만큼 붉으면서도 소담스럽다. 자그마한 산과 산 사이, 바다에서 떠올라서는 뾰쪽한 바위 위로 올라서는 태양은 바위에 찔린 듯, 꽂힌 듯 아름답다. 장관이라는 표현보다 세모와 동그라미의 기하학적인 무늬의 그림 한 폭이라고 할까.

요즘은 사진기에 손대지 않는 사람이 없을 만큼 너도나도 카메라맨이기에 피사체를 넣기에 좋은 날은 웬만한 사람이면 다 알고 있다. 굳이 맑은 날이어야 할 필요는 없지만 일출과 일몰만은 박무나 운무, 해무가 없는 날이어야 함을 알리라. 오메가 모양을 남기며 사라지는 일몰 때의 태양의 뒷모습이나 바다를 뚫고 올라오는 일출의 광경은 날씨의 뒷받침이 없이는 그 위대한 장관을 볼 수가 없기 때문이다.

며칠 전부터 전화가 왔다. 어쩌다 나와 함께 출사를 했던 C선생은 강화도 장화리에서 얻을 수 있었던 오메가 모양의 멋진 일몰이 나와 편한 마음으로 함께했기에 가능했다고 믿고는 왜목마을도 함께 가기를 원했다. 귀한 약속이 있는 나에겐 어림없는 일이었다.

그러나 서해의 일출이 머릿속에서 떠나지 않는 C선생에게 거절은 통하지 않았다. 더구나 내내 흐리고, 눈 내리고 비가 오다가 그날만은 쾌청하다고 하니 어찌 그냥 있을 수 있겠는가. 이른 아침에 떠나기엔 여건이 되지 않으니 전날 왜목마을에서 밤을 지내고 동 트기 전에 바닷가로 나가야 하는 것이 과제였다.

타협점은 잠잘 곳에 먼저 가 있을 테니 일을 마치고 오란다.

내가 기다리고 있는 사람. 바쁜 틈을 타 어렵게 약속한 사람에게 사정을 얘기하고 싶진 않았다. 그것보다 만남의 반가움이 일출보다 더하다고 해도 과언은 아닐 성싶었다.

나는 약속 시간에 멀리서 온 지인을 만났고 또 다른 약속이 있다는 얘기는 하지 않은 채 헤어져 돌아서서 가는 모습을 본 후에야 서둘러 오후 8시 30분 버스를 타고 당진터미널에 내릴 수 있었지만 암담했다. 시골의 밤은 암전이었고 적막이었다. 물론 당진터미널에서 왜목마을로 가는 버스는 끊긴 지 오래였다. 택시 28,000원! 억울하다고 억지를 부려 에누리를 했다. 내가 왜 억울해 하는지 알 리 없는 기사는 요금대로 받는데 그런 법이 어디 있느냐고 하면서도 3,000원의 선심으로 내 마음을 풀어 주었다. 밤 11시, 나를 반갑게 맞이하는 C선생의 얼굴을 보고는 아무 말도 할 수가 없었다.

다음날 아침 미명의 새벽 어둠을 걷어가는 손길을 느끼며 밖으로 나왔을 때는 삼각대의 진열이 바닷가를 메우고 있었다. 추위를 잊은 이들이 삼각대 위에 망원렌즈를 얹어 놓고는 태양이 얼굴을 내밀기를 기다리고 있었다. 돌아가신 부모님을 뵈러 나올 때도 저렇듯 갈구하는 모습으로 비쳐질까.

삼각대가 없으니 떨림을 줄이기 위해 작은 바위 위에 카메라를 놓았다. 바로 그 순간, '태양이다!' 이곳저곳에서 탄성이 터졌다. C선생은 나비처럼 날아 용감하게 사람들 앞으로 뛰어가

더니 꽃미남 같은 태양을 앵글에 담았다. 바위와 산 사이에 둥실 얼굴을 내민 태양이었다.

줄줄이 서 있는 사람들이 그냥 있겠는가. 비켜라, 나오너라… 한바탕 억센 목소리가 하늘로 올랐다가 곤두박질치곤 했다. 수라장이었다. C선생은 몇 날을 꿈꾸어 왔던 그 일출의 장면을 위해 꿋꿋이 버텨 눈부시게 둥근 태양을 얻어 내고야 말았다. 용기 없는 나는 산으로 수줍게 얼굴 감추며 다소곳이 산 위에 제 모습 드러낸 태양을 가슴에 안았다. 그러나 마음은 무거워 천근이었다. 기왕이면 나도 왕자 같은 태양을 안을 수 있었다면 더할 나위 없지 않았을까.

눈을 감았다. 다시 그런 일을 겪어야 한다고 해도 나는 보고 싶은 사람을 만날 것이며, 나를 기어이 오기를 원한다면 거절하지 못하고 늦은 밤 별빛만이 쏟아지던 곳으로 터벅거리며 찾아갈 것이다. 그때도 아우성을 뚫고 들어가지는 못할 것이며 단지 삼각대를 펴 놓고 내게 온 만큼의 태양을 담을 것이다.

자연보다 번번이 사람에게서 실망과 아픔을 안게 되면서도 아직도 사람이 더 좋으니. 내 앵글에 담긴 일출의 광경이 부끄러우면서도 떳떳하고 자랑스러웠다.

미련퉁이 같은 내 행위가 언젠가는 멋진 태양으로 누군가의 가슴에 떠오르기를 바라며 왜목마을을 떠나왔다. 2월, 어느 새벽의 일이었다.

홍릉의 추억

건강이 발목을 잡아 도리 없이 아파하던 그때는 가끔 멀리서 낙엽처럼 날아드는 한 줄의 글귀에서조차 위로를 받고 싶었다. 초련初戀의 몸짓으로 하롱거리며 내려오는 잎들도 인연처럼 부딪는 손 놓지 못해 서러워하는 가을이었다.

사람이야 오죽 하랴. 그러나 이별하기 위해 만난 사람들처럼 가을엔 어김없이 하나 둘 떠나가곤 했다. 사람을 만나는 것조차 두려웠다. 흔히 말하는 결실의 계절이라든가 수확의 계절과는 거리가 멀었다. 아픔이었으며 별리였다.

그러던 어느 어스름, 까까머리 소년이던 제자가 나를 찾아왔다. 졸업 이후에도 자주 들르며 일상을 전해 주기도, 나를 도와주기도 하던 그였다. 그러한 그도 시간의 흐름에 반비례하듯 나를 찾아오는 횟수가 줄어들어 아주 뜸해져 있었는데 가을의 엽

서처럼 찾아온 것이었다.

"파트너가 되어 주실래요?"

가을축제에의 초대였다. 미소년이던 그는 청년이 되어 내 앞에 그렇게 서 있었다. 우선 가는귀가 먹었을까 믿기지 않아 그를 쳐다보기만 했던 것 같다. 아니, 설렘으로 감정은 온통 뒤죽박죽이었지 싶다. 첫사랑의 기분이 이런 것일까. 제대로 첫사랑이라는 말조차 붙일 수 없게 팍팍하게 살아온 탓인지 그 말 한마디는 연분홍 연서 같았다. 말없이 그가 내민 손 위에 떨리는 내 손을 포개었다. 온통 세상이 붉게 물들어가는 시월이었다.

그러나 다음날부터 걱정이었다. 내가 단발머리 나풀거리는 소녀이고 싶었던 때가 있었다면 그때였으리라. 그리고 살아오면서 그 흔한 학교축제에 참석해 보지 않았던, 외곬의 내 젊음에 대해서도 후회하고 있었다. 거절했어야 하는 것일까 생각하며, '아냐, 잘한 거야', '거절해야 해'를 거듭하면서 드디어 그날을 맞고 말았다.

홍릉의 가을은 생각보다 깊었다. 골짜기 물소리처럼 싸늘했다. 멋을 좀 부리느라 옷을 얇게 입었을까, 소름처럼 지나가던 바람의 입맞춤을 잊을 수가 없다. 들어서자 철없이 옷을 벗기 시작한 은행나무들이 속 모르고 반겼다. 약간 경사진 길을 임신으로 숨찬 걸음 내딛는 아내와 팔짱을 낀 나이든 학생이 오히려 좋아보였다. 나도 팔짱을 끼었을까? 기억할 수가 없다. 1부는 강당에서 이루어졌는데 축제의 단골메뉴라고 하는 넌센스퀴즈가 먼저 선을 보였다. 고지식한 나에겐 넌센스퀴즈는 절벽이었다. 단지 팔딱이는 마음을 내려놓고 축제를 익히고 있었다. 다양한 게임들이 있었던 것 같다. 입담 좋은 개그맨의 진행으로 점점 실내는 더워지고 열기는 무르익었다. 그러나 지금도 기억할 수 없는 것은 그 축제의 끝이다. 그를 남겨 놓고 먼저 왔을까. 그날의 몽환적인 시간들은 저장되어 있지 않다. 단지 머리에 생생하게 남아 있는 것은 그가 내민 하얀 손이었다. 단 한 번 내게 있었던 가을축제는 안개로 남아 있다. 그야말로 말을 잃은 '안개 낀 밤의 데이트'였다.

가을축제! 어느 계절인들 축제가 없으랴. 그러나 빈 들을 채우는 바람소리 같은 가을축제는 쇠락해가는 가을의 못자리에 정갈하고 신선한 물을 붓는 예식이라고 생각하기로 했다. 그보다 더 따스하게 가슴을 데워주는 축제가 있을까. 내가 누렸던 그날의 수줍고 설레는 축제의 시간은 가난한 삶에 덤으로 보태준 가을의 선물이었다.

축제 이후 그는 발걸음이 더 뜸했다. 지금도 알 수 없는 것은 그때까지는 여자 친구가 없었던 것인지 아니면 아픈 나를 위로하기 위함이었는지 헤아릴 수가 없다. 궁금했지만 나를 파트너로 초대한 이유를 물어볼 수는 없었다. 돌아올 대답이 무서웠고 나를 기분 좋게 하느라 서툰 거짓말을 지어내게 하고 싶지도 않았기 때문이었다. 단지 홍릉의 가을은 보도에 떨구어진 노란 은행잎으로 눈 시리던 영화 '뉴욕의 가을'보다 더 벅찬 정경이었고, 나는 그에게 '고맙다'는 인사를 뇌이고 있었다.

몇 번의 가을이 지나고 나서 그는 축제의 파트너가 아닌 인생의 반려자로서의 파트너를 만나 떠났다. 들꽃이 말라가며 풍기는 그런 내음을 가슴에 심어주고. 정작 떠나는 사람은 연중행사의 하나일 뿐인 축제에 의미를 두지는 않는 것 같았다. 그러나 젊은 날의 편린으로 기억되겠지.

가을나이조차 지난 지금 초대의 이유가 위로였는지 자신의 사정 때문이었는지는 알 수 없지만 그 순간을 생각하면 지금도 가슴이 뛴다. 마음자리 한 모퉁이에 첫사랑 같은 설렘을 심어 놓았나 보다.

속절없이 와 버린 가을에 지금도 그 길이 그리워 홍릉의 수목원으로 향한다. 제 몸을 말리는 플라타너스 잎새들이 변해버린 건물들을 옹위하듯 버티고 섰다. 어디선가 '파트너가 되어 주실래요?'라는 소리가 들려올 것만 같아 두리번거린다. 참, 그도 이젠 산다는 것 자체가 축제임을 깨달을 수 있는 나이가 되었겠구나.

그날의 축제는 영원히 감추어 두고 싶은 하얀 손의 추억이다.

가을의 신부

문학기행으로 일본에 발을 디딘 순간 몸을 감싼 것은 눈부신 바다내음이었다. 그 은빛의 찰랑임을 밟으며 가을은 손을 놓고 가려는 듯 산하를 물들이고 있었고 문화며 풍습, 힐링을 위한 온천, 아름다운 정원, 먹을거리까지 정갈하고 완벽해서 잘 차려진 밥상을 받은 기분이었다.

글을 쓴다는 것은 내 영혼을 누군가에게 바치는 작업이 아닐까. 더구나 수필을 쓴다는 것은 속내와 정신 모두를 자판을 누르고 두들기며 누구에게 나를 전달하는 작업 같은 것이다. 그 설렘의 순간들을 같이 호흡하기 위해 일본의 작가들과 합류한 셈이었다. 작품의 발표, 활동의 내용과 실적들을 나누며 어우러지던 순간을 잊을 수 없다. 더구나 일본에 살고 있는 Y시인의 적극적인 도움이 있었음에 가슴 뿌듯했다.

그러나 무엇보다 글을 쓸 때의 설렘 같은 순간을 또 다른 것으로 행위 예술을 하듯 벌였던 '웨딩의 이벤트'를 잊지 못할 것 같다. 가을의 신부가 되어 본 것이었다. 한 사람의 뜻이 여덟 명을 흥분의 도가니 속으로 몰아넣고 말았다.

거사를 꿈꾸는 사람들처럼 밝아올 아침 6시에 로비에 집합하기로 하고는 둘씩 짝을 지어 의미심장한 웃음을 바닥에 떨구고 몸을 문 속에 가두었다. 아침은 해무를 뚫고 찬바람만을 동반하여 호텔 로비까지 왔다. 몇 사람은 준비를 해온 상태였다. 이미 알고 있는 눈치였다. 지나간 밤에 배당 받은 내 옷은 목이 파여 긴 목을 자랑하던 오드리 햅번이라도 된 것 같은 기분이었다. 치마는 보일 듯 말 듯 에로틱했지만 아무도 그렇게 느끼지 않는 것 같았다. 그렇게 느껴주면 좋으련만 고랑이 팬 얼굴이 먼저 보일 테니 그것조차 꿈같은 일임을 알고 있지만 마음은 희망을 잃지 않은 '난장이가 쏘아올린 작은 공'이었다.

웨딩드레스를 입었던 때가 언제인가. 그러나 기억할 수 있는 것은 설렘과 일종의 무섬증이었다. 나의 존재는 이제 그 자취를 감추고 새로운 내가 탄생하는 순간이라는 커다란 변화를 스스로 택했다는 용감함과 당돌함으로 주례를 맡은 선생님의 주례사 같은 건 귀 밖이었다. 웨딩드레스는 내게 그런 의미였던 것 같다. 설렘보다 무섬증이 더 컸던, 어쩌면 기쁨보다 더 무거운 무게를 느꼈던 갑옷 같은 것이었다. 갑옷은 살아오면서 가끔은 무게를 더하기도 하고 어느 날은 가벼운 날갯짓으로 윙윙거리며 날게도 했다. 하양의 드레스. 순백과 무구함으로 그것이 영원이기를 순간 빌었지만 차츰 물들여지는 것은 재색의 뿌연 하늘같은 것이었다. 뿌옇다못해 이젠 상복이 되어 버린 드레스를 하얗게 헹구어낼 수 없어 망연히 하늘 보는 날들이 늘어가고 있었다.

그런 참이었다. 눈부신 하얀 웨딩드레스를 입은 날의 재현 같은 것. 이벤트였다. 설레지 않을 수 없었다. 내레이션처럼 눈앞을 지나가는 세월의 물무늬가 한 권의 그림책이 되어 지나가고 있었다. 그림책을 보고 글을 쓰는 내가 동그마니 거기에 앉아 있었다. 나를 담고 있었다. 내 속내를 끄집어내고 있었다. 수필이었다.

가을이 익어가고 그러다 어느 날 종언을 고하고 눈앞에서 사라지는 날이 오더라도 지금은 설레는 걸 어쩔 수 없다. 가을의 신부는 설레는 가슴만을 품고 있는 것이 아니라 봄의 훈향을 거쳐 열사의 태양 같은 여름을 겪으면서 환희도 인고도 다 겪은 후에 한 송이의 꽃으로 피어난 가을꽃이 아닐까 싶다. 애잔하면서도 하늘거림은 결코 부러지지 않을 기개 같다.

시즈오카 아타미에서의 세 번째의 마지막 이벤트를 벌인 날은 별로 말이 없었다. 나를 위한 피에로의 애잔하고도 뜨거운 몸짓 같은 웨딩드레스의 새벽은 불그레하게 밝아오고 있었다. 그렇다. 웨딩의 이벤트는 옛날 추억의 그날로 돌아가는 것이 아니라 시작이었다. 내가 스스로에게 주는 경건하고도 값진 선물이었다. 새로운 발걸음에 바퀴를 달아주는 신선한 시작이었다. 문득 설레는 가슴으로 책상머리에 앉아 한 땀 한 땀 수를 놓듯 글을 쓰는 내가 거기에 있었다. 웨딩이벤트는 나를 내비치는 한 편의 수필과 다름이 없다는 것을 뒤늦게 깨달았다. 늘 설레면서도 마음 다 담지 못해 아쉽고 감정이 너무 넘쳐 헤픈 처녀 같아 다시 고쳐 보는 침묵의 시간까지도 수용하는 수필과 같다는 생각이었다.

그래, 웨딩이벤트는 내가 자신에게 줄 수 있는 넘치는 선물이었고 밤을 밝히는 내 곁에서 숨을 쉬다 밖으로 걸어 나오는 한 편의 수필이었다.

꽃다방 미스 김

매미울음에 또 한 마리 매미는 생을 마감한다. 터지는 울음에 낭자한 저 핏빛 설움이 소나기가 되어 내리꽂힌다. 매미는 여름의 진초록 냄새를 안은 채 나무에서 손을 놓는다. 툭, 그들의 시체가 발걸음을 멈추게 한다. 투명한 날개엔 실핏줄이 선명하다. 후회 없이 날갯짓을 했고 목청껏 울대 울려 여름을 달구었노라 속삭이며 그들은 눈을 감았나 보다. 혼신을 다한 그들의 주검이 이곳저곳에서 내 눈을 끈다. 장한 그들의 일생이 나와 함께 길을 누빈다.

나는 일상처럼 드나드는 병원의 암센터로 가는 길이다. 의사와 나는 눈길을 조심스레 나눌 것이며 그는 검사한 결과를 판사의 판결처럼 내게 선고할 것이다.

난 간이 굳어가고 있다. 머리에도 종양이 똬리 틀고 제 영역을 조금씩 야금야금 넓혀가지만 오늘은 간암센터로 가는 길이다. 그 굳어감의 속도도 더 늦출 수는 없지만 고약한 종양이 또한 자리를 달라고 할까봐 가끔은 섬뜩하다. 둘 다 싫지만 어쩔 수 없이 그들을 소리 없이 받아들인 지 몇 십 년이 지났다. 좀 지연시킬 수 있는 주사를 맞기 위해 내 몸 부위의 적정여부를 검사했을 때 난 불합격의 판정을 받았다. 어쩔 수 없이 우리의 동거는 그대로 계속되고 모두를 거부당한 난 그들에게 빌붙어 사는 것 같은 느낌이 들기도 한다. 난 점점 졸아들기 시작하더니 심장조차 리듬을 잃어 부정맥이란다.

그렇게 좁쌀만한 존재기에 병원에 가는 날은 즐거운 일 하나씩을 어디서든 건지기를 원한다. 그리고는 오늘의 운세를 거기에 매달고 환희로 치장하려 한다. 당당히 나선 길이지만 무서움을 어디에 비기랴. 떨림을 어쩌랴.

간밤을 지키던 매미의 울음소리까지 밟으며 두리번거린다. 오늘 하루, 나의 위안이 되거나 모두를 잊고 벙긋벙긋 웃을 수 있는 일이 내 앞에 떨어져 있기를 기대한다. 지하철을 타기 위해 에스컬레이터를 내려서는 순간 길게 줄을 선 사람들을 본다. 무엇이 이들을 붙잡고 있는 걸까. 비집고 앞으로 들어가 본다. '꽃다방 미스 김'이라는 가게가 새롭게 문을 열었고 거기엔 올망졸망하나 입맛 다시게 하는 빵들이며 생과일주스와 한 잔에 천 원이라고 크게 써 붙인 착한 가격의 커피까지 생글거리고 있다.

'꽃다방 미스 김!' 아무리 보아도 미스 김다운 얼굴은 보이지 않는데 모닝커피라는 이름에 계란 노른자를 동동 띄워주던 다방을 연상하게 함은 왜일까. 친근함이었다. 소박함이었다. 열려 있음이었다. 높낮이가 없는 듯한 평화였다. 바로 맞은편에 자리한 꽤 이름이 알려진 커피 집의 체인점은 아직 문이 닫힌 채로 있다. 침묵이 그 집 앞을 스치고 지나갔다. '꽃다방 미스 김'은 바쁘고 잰 걸음으로 그 주변을 온통 장악하고 있었다. 아침이 피어나고 여기에서 간단히 공복을 씻은 사람들이 뿔뿔이 제 갈 길로 흩어져갔다. 그들의 어깨에 매달린 삶의 무게가 좀 가벼워졌을까. 나처럼 미소 지으며 모닝커피를 떠올릴까. 나도 덩달아 발걸음이 가벼워졌다.

병원 문으로 들어선다. 정원 한 자락엔 맥문동이 흐드러졌다. 희망을 피우기 위한 그들의 손짓이다. 겨울의 모진 추위에도 아랑곳없이 동면 후에 봄을 뚫고 나온 다년생 풀이다. 그늘에 피는 꽃, 가려진 아름다움이 약초가 되었을까.

간암센터로 들어서면 제일 먼저 눈에 띄는 것이 바로 모자와 가발을 함께 파는 가게다. 헐렁하게 비어 버린 머리 위에 꿈을 심는 사람들을 본다. 갑자기 눈이 젖는다. 그러다 보면 진료실 앞에 내 이름이 뜬다.

"들어오세요." 간호사의 말에 긴장한 초등학생처럼 의사 앞에 조아린다.

“그동안 잘 지내셨어요?” 친절한 의사에 말에 더듬거리듯 대답한다. 초음파검사며 혈액검사 결과며 암 지수 표지를 살피며 이것저것 설명하다 마지막 판결은 “아직은 괜찮네요.”이다. 위로일까. 왜 그 놈이 나타나지 않을까 하는 의구심일까. 갑자기 의사의 얼굴을 본다. 무덤덤하다. 잠깐 의사의 속내를 의심했음을 부끄러워한다. 난 ‘아직은’이란 말에 한숨을 내쉰다. “감사합니다.” 누구에게 하는 인사인지 모르지만 그저 감사한 마음으로 진료실을 빠져 나온다.

어디로 갈까. 떠오른 것은 묘하게도 ‘꽃다방 미스 김’이었다. 건강했던 날의 추억 같은 가게. 이 세상을 하직할 때 제 얼굴 모습조차 가지고 떠났는지 어느 부분 하나 기억나지 않는 이와의 담소가 흐를 것 같은 그곳이 가슴에서 눈을 뜬다.

여름을 씻어내는 지하철에 몸을 부리며 마음은 급해진다. 부지런히 이른 아침부터 하루를 시작하는 사람들에게 웃음과 활력을 심어서 보내는 ‘꽃다방 미스 김’이 나에게도 추억과 더불어 힘의 씨앗이라도 주려고 기다리고 있는 것만 같다. 지하철이 선로 위에 금을 긋는 소리가 나자 난 불러본다. ‘꽃다방 미스 기임.’ 그 뒤를 선명한 하모니로 매미의 울음소리도 따라오는 것만 같다.

응 원

팔순에 접어든 여고동창생들 다섯이 잃어버린 젊은 날들이 아쉬워 늦가을바람이 부는 대로 길을 나서겠다고 했다. 깃발을 든 안내자가 되고 싶었을까, 동행이라고 해야 할까. 아무튼 자진해서 그들과 어울렸다. 단지 한 사람, 목련 잎이 지고 나면 환하게 건너다보이는 앞집 형님만 유일하게 아는 사람일 뿐 모두 낯선 얼굴들이다. 아침마다 성당에서 미사를 함께 드린 세월도 십 년이 넘었으니 그 하나의 사실만 믿고 따라나섰다.

용산역. 만나기로 약속한 시간은 너끈히 남았건만 서둘러 모여 있었다. 올망졸망한 가방엔 나름대로 먹을 것을 챙겨온 기색이 역력하다. 볼그레 뺨에 흐르는 빛들이 이미 청춘이다. 카메라를 들이대었다. "아이쿠, 사진은 무슨…" 하는 소리에 나는 눙치며 말을 건넸다. 오늘이 살아 있는 날들 중에서 가장 젊은 날이라고. 카메라에 담긴 얼굴들이 곱고 평화로웠다. 떠나는 설렘도 앵글에 담겼다.

ITX(Intercity Train eXpress) 청춘열차를 타고 춘천을 왕복하는 여행이 목적이었다. 청춘이라는 말에 설렘을 감추지 못하는 이들은 내일이 오늘 같지 않음을 너무나 잘 안다. 어둔 눈이며 상대방의 표정과 함께 이야기를 들어야 뜻을 그나마 곡해하지 않고 들을 수 있는 청력이며 또한 수월하게 걷는 것조차 힘들다는 사실을 훤히 알고 있기에 서로 부축하며 웃음을 건넨다. 서로에게 부담스럽지 않느냐는 겸연쩍은 웃음이다. 집안에서만 다람쥐 쳇바퀴 돌 듯 오늘이 어제 같고 내일 또한 그러할 것임을 알면서도 가족을 돌보는 동안은 모든 수고로움이 가족의 행복이라 믿고 살던 그들이었다. 그러나 자녀들조차도 슬하를 떠나 뿔뿔이 가 버린 후에 남은 건 처진 몸과 마음이다. 그런 대로 단체나 동아리에 속해 활동을 해온 경우가 아니면 손자 보기에 매달린 할머니들이니 밖에 나오면 모든 감각이 둔하다. 그런 그들과 함께함이 싫지 않은 것은 그것이 곧 내 모습일 수 있기 때문이었다.

우리에게 배당된 자리는 여덟 량의 객차 중 맨 앞에 있는 1호차였다. 처음 안 사실은 객차의 크기가 모두 다르다는 것이었다. 1호차는 열 명 남짓 앉을 수 있는 단체손님의 특별석 같은 것이었다. 서로 마주보고 앉아 간식을 내어 놓고 권하며 남춘천까지 가는 꿈속 같은 기찻길을 청춘열차는 그 이름에 어울리듯 잘도 달려갔다. 낭만의 깃발을 달고.

내릴 때는 부산했다. '조심해라', '물건 챙겨라', '지팡이는 가졌느냐' 한참을 다지고 새긴 후 내리니 부슬비가 내리고 있었다. 은회색의 머리카락에 빗방울이 매달려 다이아몬드가 되었다. 노인이면 잘 먹어야 한다는 지론에 따라 음식점이 많은 곳을 택한 것이다. 춘천의 명물 먹거리는 역시 닭갈비와 메밀 막국수. 즐거움이 식욕을 배가 시켰을까. 비워진 그릇들을 보며 나도 모르게 감사의 기도를 올렸다.

그 다음 이어진 춘천의 명소 둘러보기는 바로 꿈길이었다. 버스 기사 아저씨의 자상한 설명은 말할 것도 없었지만 그날따라 보기 힘든 물안개가 소양호 곳곳에 피어나고 있었다. 연기처럼 피어나는 물안개. 뜨거운 화덕에 물을 부었을 때 모락모락 올라오는 연기처럼 알싸한 안개 냄새가 날아왔다. 분홍의 꿈을 가졌던 옛날로 모두 돌아간 듯했다. 마음은 하늘을 날아 부슬비 내리는 창밖으로 낭만의 깃발을 올린다.

한마디씩 뇌까린다.

'그땐 참 좋았지, 그러나 지금도 마음은….'

소양강처녀 동상과 쏘가리 상을 옆으로 끼고 한 바퀴 돈 버스는 관광객들을 소양 2교, 소양댐, 선착장에 풀어 놓았다. 오늘의 마지막 코스라는 알림과 함께. 청평사로 떠날 배가 손님을 기다리고 있었다. 선착장으로 내려가는 사람들을 보며, '우린, 여기까지야.' 혼자 중얼거렸다. 왜냐하면 하늘을 날듯 가벼워진 그들에게 청평사까지 무리한 나들이를 해서 좌절감을 주고 싶지는 않았기 때문이었다.

청춘열차를 타고 와서는 시간을 거슬러 꿈길로 달려갔다 돌아온 다섯 동창은 이구동성으로 연극대사를 읊조리듯 신명을 떨어댔다. 우리 이렇게 자주 만나 신선한 바람과 자연에 몸을 맡기며 파티를 여는 시간을 가져야 한다고 입을 모았다. '자주'라는 말을 전에 없이 강조하며.

청춘열차! 이름조차도 지나간 날의 회복이며 잔을 부딪는 축제의 마당이었다. 살아온 날들이 모두 하나씩 테마를 가진 축제였다는 사실을 새삼 깨닫게 해주었다. 주마등처럼 지나가는 축제들. 팔십년 전 태어났을 때, 온 가족의 축복을 받으며 주인공이 되었던 날부터 자식들이 성장하여 하나씩 관문을 들어섰을 때마다 함께 박수를 치며 즐거워했던 날들이 얼마나 고마운 순간이었던가를 마음에 새기고 있는 것 같았다.

이젠 인생의 저물녘. 나날이 축제인들 얼마나 많이 누릴 수 있을까. 마음이 바쁘기에 더 아름답고 풍요로운 시간을 엮고 싶다는 소망들이 물안개처럼 피어난 날이기도 했다.

아무것도 한 게 없는, 그저 깃발 하나 들고 그들을 응원했을 뿐인데 며칠 뒤에 다시 만나자고 한다. 다음은 덕소에서 '먹는 축제'를 열 것이라며 미리부터 입맛을 다시게 했다. 축제의 계획을 스스로 짜본 것만으로도 자랑스러운 그들은 낭만의 깃발을 흔들며 돌아오는 기차에 몸을 실었다.

백조와 수필

- O교수님께

가슴을 터놓는 것에 글만한 것이 없으며 갈피에 재워둔 속울음이나 절절한 사연을 다 펴낼 수 있는 작은 장치가 글을 쓰는 것이라는 생각이 유년에서부터 자리하고 있었던 것 같습니다. 그러기에 번민과 설움의 날들도 곰삭혀 언어에 담곤 했습니다.

그러다가 주경야독으로 대학원 마지막 논문을 써야 하는 단계까지 가게 되었지요. 낮엔 선생이었고 밤엔 학생이었던 셈이었습니다. 지금 생각해 보면 그때의 꿈이 둥지를 박차고 훨훨 날갯짓을 하는 백조가 되는 것이었는지도 모르겠습니다.

논문을 「백조」 동인에 못을 박았으니까요. 그 허다한 동인들, 우리나라 최초의 문예월간지 「창조」도, 그 뒤를 이었던 「폐허」도, 「장미촌」도 다 던져두고 3호로 끝난 「백조」를 택했던 것입니다.

그들을 만났을 때 느낀 것은 설움이었습니다. 또한 낭만이었습니다. 망국한과 3·1운동의 실패에서 온 민족적인 절망감을 예술적인 미美로 승화시켜 자유를 얻고자 하던 그들이 바로 나의 염원을 대신하고 있다고 생각했습니다. 젊고 힘 있는 시대를 갈구하던 그들의 청년 심리에 매료되었습니다. 그러나 경제적인 어려움, 맘껏 노래할 수도, 속내를 드러낼 수도 없는 상황, 영글지 못한 그들의 거친 글 솜씨들이 단명을 가져왔음을 보면서 함께 절망하기도 했습니다. 그러나 거기에 흐르는 맑은 정신들이 저를 데리고 다녔기에 즐거웠습니다.

그들의 심상은 눈물에서 비롯되더군요. 눈물은 슬픔이 아니라 영혼의 부동액임을 요즘 와서 절실히 느끼기도 하지만 눈물을 승화시켜 아름다움으로 이어가는 작품들, 특히 시를 보면서 가슴에서 강물이 흐르는 소리를 들었습니다.

그러나 제가 잘못 가고 있는 것을 알지 못했습니다. 동인지 「백조」에서 눈에 들어온 것은 시와 몇 편 되지 않는 소설이었습니다. 나름대로 분석하고 생각을 펼쳐 논문을 들고 지도교수를 찾아갔을 때, 대뜸 수필은 눈에 들어오지 않더냐고 하더군요.

수필! 분석 장르에 넣어야 함조차도 생각하지 않았습니다. 수필을 모르는 것도 아니요, 수필을 쓰기도 하면서. 그러기에 오늘날 수필이 홀대 받는 것에 일익을 기여한 것인지도 모르겠습니다.

어쩔 수 없이 「백조」의 날갯짓 속에 깃들여 있는 수필을 건져 내었습니다. 그러나 막막했습니다. 왜냐하면 「백조」의 수필을 분석한 참고 서적을 발견할 수가 없었고 그 성격 중 삽입되어 있는 운문들을 부러지게 설명할 수는 더더구나 없었기 때문이었습니다. 아홉 편의 수필 중, 다섯 수필 속에 잔잔히 흐르는 운문의 삽입.

도서관의 책갈피를 땀으로 적셨고 말초 신경까지 모아 찾다가 늦가을의 석양이 수채화 같이 고운 날, 만난 사람이 교수님이었습니다. 아니 교수님의 『한국수필문학연구』였습니다. 거기에 「백조」 동인의 다섯 편의 운문에 대한, 찾고자 했던 한 줄의 글이 숨 쉬고 있었습니다.

'죽음'이 주제였던 박종화의 수필 「영원의 승방몽永遠의 僧房夢」에는 서두에 시가 선보이고, 속죄가 주제였던 이광수의 「감사와 사죄」는 말미에 시로서 끝맺음을 했는데 이에 교수님은 '이러한 삽입 운문은 전체 내용의 압축, 예시 또는 강조, 정리의 역할을 다하면서 조화를 꾀하고 있다.'라고 단칼처럼 마무리해두었더군요. 이 말 한마디가 교수님과의 만남의 가교였습니다. 물론 논문은 깔끔하게 마무리되었습니다.

오랜 세월이 흐른 뒤에 평생 묻어 두려고 했던 젊은 날의 꿈과 허기짐이 비집고 나왔는지 접어 두었던 문학수첩을 펼치게 되었고, 우연히 수필로 등단하게 되었을 때 가장 먼저 떠오른 사람은 교수님이었습니다. 인터넷을 들추어 해바라기도 고개 숙이던 삼복더위에 교수님을 찾았습니다.

역시 수필이라는 숲길을 묵묵히 걸어가고 계시더군요. 반가웠습니다. 전후 사정을 모르는 교수님은 뜬금없는 방문이라 생각했겠지요. 이런 자세한 얘기도 오늘이 처음이니까요.

갓 태어난 아기처럼 수필을 익혀 나갔습니다. 적확하게 찔러주는 한마디씩의 말에 눈이 뜨이기 시작했습니다. 교수님의 강의를 들으며 나름대로 수필의 정의를 가슴에 각인했습니다.

수필이란, 영혼을 불어넣어 '붓 가는 대로' 자신의 언어로, 체험의 조각들이나 사색의 편린을 펴내어야 한다고. 그냥 붓 가는 대로 표현한다면 수필이 너무 가벼운 것이 되리라 생각했습니다. 그리하여 인식의 저장고에는 수필이 차곡차곡 쌓여갔습니다. 교수님과의 만남은 제게 그런 것이었습니다.

그렇게 외길을 걷고 있는 사람이 교수님만이 아니겠지만 나이테를 감으며 숲길을 걸어온 세월이 여든에 이르셨군요. 그러나 지금도 수필에 대한 열정은 조금도 식지 않고 타오르고 있으니 제자들을 한 곳으로 모으는 힘이 되리라 믿습니다.

교수님, 현란한 날갯짓으로 저를 수필로 인도했고 교수님과의 만남까지 주선한 「백조」를 생각하며 거기에 실린 김기진의 「떨어지는 조각조각」이라는 수필을 읽습니다. 역시 수필임을 나타

내기 위함인지 '붓은 마음을 따라'라는 부제가 붙어 있군요. 굽이치는 글을 따라 가니 이런 구절이 겸허하게 앉은뱅이책상 앞에 다시 앉게 합니다.

"생활은 예술이요, 예술은 생활이어야만 할 것이다."

교수님, 아직 할일이 많으시잖아요? 수필의 숲길에 널려 있는 과제들이 교수님의 손길을 기다리고 있습니다. 저 또한 백조가 되어 그 숲길로 걸어 들어가고자 합니다. 환한 빛으로 앞길 열어 주시길 빌면서.

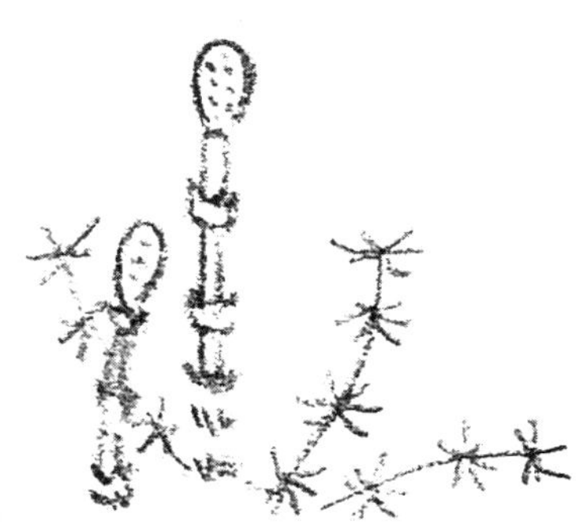

3.

햇싸라기

그들은 부서졌다. 조각조각 내었다. 반짝이는 사금파리가 되었다. 금싸라기보다 귀한 햇싸라기가 되었다.

공구工具와 휴일

휴일은 아픔이다. 외로움이다. 틈새로 비집던 바람조차 가끔 숨을 멈추는 것도 휴일이다. 둘러보면 숨 막힐 만큼의 너절한 것들로 가득 찬 내 방을 설명하고 싶지 않은 게으름도 휴일의 선물이다. 그러나 그 게으름에 매달린 하품 같은 하루를 견디질 못한다.

집을 나선다. 계절이 바통터치를 했나보다. 바라다 보이는 산이 푸름의 육질肉質로 채워지기 시작하고 바람의 깊이가 다르다. 깊이가 다른 바람 속에 나를 풀어놓는다. 풀어놓은 망아지 되어 길을 걷는다. 길은 늘 걷는 길이다. 청계천이 시작하는 곳에서 물길을 따라 걸으며 나꿔챌 수 있는 사물들을 떠올린다. 아, 그 녀석들이다.

오밀조밀한 재미를 가져다주는 공구를 좋아한다. '연장'이라는 것보다 격이 한 단계쯤 높게 느껴지는 '공구'라는 명칭이 좋다. 그러면서도 정작 그들과 시간을 보내본 적이 없음에 생각이 멈춘다. 이 휴일에 휴무를 즐기며 풍물시장에 터 잡고 있을 그들을 찾아가기로 한다. 그들이 청계며 을지로에도 뽀얗게 먼지를 뒤집어쓰고 가끔 찾는 객들을 기다리고 있지만.

풍물시장은 공간이 좁다. 그리고 새것도 새것, 헌것도 새것이다. 반짝반짝 윤이 난다. 공구의 모양이 장난감처럼 눈을 끈다. 십자드라이버가 4세트나 있지만 하나 산다. 머물며 놀기 위한 시간의 값이다. 손에 넣어 보면 광물인데도 따뜻하다. 전기의 힘을 비는 것에서 그저 일상에 쓰이는 것까지. 드릴, 조인트, 스패너, 비트, 렌치, 라쳇… 종류도 모양도 다양하다.

눈을 황홀하게 하는 저 객관성. 그들의 오묘함. 명징明澄의 사실이다. 정직하다. 쓰일 곳에 쓰임을 다하는 목숨이다. 배신이 없는 무리들이다. 그들을 보면서 위안을 얻는다. 그들만의 세상엔 평화만이 존재한다. 그 쓰임의 정직성을 사람의 무리가 알아주길 빌어본다.

아픔과 외로움이 없이 휴무를 즐기며 반짝이는 공구들과 아쉬운 결별을 한다. 까치발로 서 있는 태양이 돌아갈 시간이라고 곁에 와서 옆구리를 찌르기 때문이었다.

헤프게 쓰이기도 하는 휴일에 공구야말로 적확한 언어처럼 쓰일 자리를 모색한다.

햇싸라기

나무들이 하늘을 가린 숲길을 걸으면 미끈히 뻗어 있는 나무 사이로 햇빛이 조각조각 떨어져 내린다. 금싸라기 같은 햇싸라기다. 나뭇잎을 통통 튀어 내리는 알갱이들이 그렇게 귀여울 수가 없다. 도시의 거리에선 건물을 비집고 햇빛이 곡예를 하듯 튕겨져 내려온다. 땅으로 내려와 환한 빛으로 안기기 위해 햇빛은 조각을 낸다. 바스러져 싸라기가 된다. 모래에 섞인 유리알처럼 반짝이는 햇싸라기는 너도나도 가질 수 있는 고운 보석이다.

장승포에서 배를 타고 동백꽃으로 유명한 지심도에 갔을 때였다. 동백은 아직 다문 입술 벌리지 않았고 동박새만이 '찌이 찌이' '킬 킬' 동백을 기다리고 있었다. 대숲의 울음이 적막을 깨뜨리고 가끔 보이는 유자나무엔 유자들이 모양보다는 향내로 눈길을 끌었다. 넌출진 잎새들은 맞잡은 손을 놓지 못해 기어이 하늘을 가렸다.

그 순간이었다. 키 큰 나무들을 비집고 햇빛이 나풀나풀 춤추듯 내려오고 있는 게 아닌가. 그들은 노란 유자 위에 내리더니 온몸 감춘 동박새 울음 위에도 앉았다. 내 머리 위에서 반짝이더니 함께 걷는 이 시인의 코르덴 양복 위에서도 리듬에 맞추듯 춤을 추고 있었다. 무장한 나뭇잎 새를 용케도 뚫고 내려왔다. 터널 같이 만들어진 어둔 숲속을 햇빛이 뚫고 내려오리라고는 짐작조차 하지 못했다. 덫에 걸리듯 어느 큰 나무들에게 잡혀 내려올 수 없으리라 그렇게만 생각했으니까.

그러나 그들은 무모하게 나뭇잎을 뚫고 내려오려고 시도하지 않았다. 태양이 달빛을 능가하지만 거기에서 그들은 통째로 비집고 내려오려는 폭군의 행위는 하지 않았던 것이다. 그들은 부서졌다. 조각조각 내었다. 반짝이는 사금파리가 되었다. 금싸라기보다 귀한 햇싸라기가 되었다. 몸을 부순 그들은 사뿐히 잎새 사이로 내려올 수 있었다. 그래 그런지 햇싸라기는 자기를 낮춘 소녀의 모습이다. 영원히 고운 모습이다.

그러기에 볕이 고운 오늘 같은 날, 숲길을 따라 들어가 온몸을 부수어 귀한 싸라기가 된 햇싸라기를 그릇에 담뿍 담아 간직하고 싶다. 볼우물 고운 소녀의 웃음 같은 귀한 햇싸라기를.

도란도란

어머니가 그리워 아니 가끔은 외가가 그리워 난 고향을 찾는다. 부산의 바닷가 다대포가 내 외가가 있던 곳이다. 내 동행은 항상 카메라이니 혼자 나선 길에도 외롭지 않다. 철새들이 날아오기 시작했다. 을숙도의 철새를 앵글에 담고 몰운대를 지나 다대포로 갔다. 포구였던 다대포의 모습은 아주 많이 변해 있었다. 그러나 바다는 그대로였다. 잔잔히 몰려왔다 스르르 제풀에 꺾이듯 물러가는 파도소리에 나를 맡기고 모래 위를 걸었다. 그런데 그때 초등학생일 성싶은 애들 셋이 모래 속에 손을 집어넣고 두드리는 놀이를 하며 고운 바람결 같이 도란도란 나지막하게 이야기를 나누고 있었다. 얼굴조차 상기되어 있었다.

도란도란! 오랫동안 잊고 있었던 말이었다. 따뜻하고 순한 아이들의 모습이었다. 내 어릴 적도 그랬다. 해가 짧아지면 어김없이 양지바른 곳을 찾아 얼굴을 마주보고 이야기를 나누었다. 물론 숫기 없는 아이들이었다. 무슨 비밀스런 이야기가 있었을까. 그저 소곤거리며 도란거리는 것에서 우린 결속을 느꼈는지도 모른다.

그러나 이젠 큰소리치는 사람이 정의로운 사람이거나 힘센 사람으로 통하는 세상이 되고 말았다. 나누는 이야기들도 그러하다. 모두가 자기를 내비치고 상대방 위에 군림하기 위해 큰소리를 낸다. 남의 말은 귀 밖으로 흘린다. 어찌 보면 나눔이 아니라 치열한 말다툼이다.

도란도란! 아름다운 한마디. 상대방의 마음이 보이고 귀가 열린다. 그 위에 내 말을 얹으면 하나가 된다. 그러기에 이 말은 내겐 향수이다. 바람이 옷깃을 여미게 하는 이런 밤에는 잊고 있었던 옛 친구를 찾아 도란도란 이야기를 나누며 지새고 싶다.

일어서게 하는 말 '좋아'

연극 '야끼니꾸 드래곤'은 1960년대 오사카 비행장 부근에 둥지를 튼 재일교포 용길이네 여섯 식구와 거기에 모여드는 사람들의 애환을 그린 작품이다. 작가이자 연출가인 정의신鄭義信이 재일교포 2세이기에 더 실감나게 그들의 삶을 담아내었는지도 모를 일이다.

전쟁에서 한 팔을 잃은 아버지, 다리를 저는 큰딸, 결혼을 하지만 곧 파경을 맞게 된 둘째딸, 우여곡절 끝에 사랑을 찾게 되는 막내딸, 말더듬이인 아들 등 하나같이 정신적, 육체적 장애를 가진 식구들이 삶을 영위해 가고 있다. 그러나 아들은 아버지의 소망인 일본인 학교에 입학했으나 따돌림으로 적응하지 못해 벚꽃이 흐드러져 꽃비로 내리는 날, 함석지붕 위에서 떨어져

자살을 하고 그나마 그들이 꾸려나가던 곱창집은 국유지라는 이유로 빼앗겨 식구들은 뿔뿔이 흩어질 수밖에 없는 처지에 놓이게 된다.

그러나 그들은 절망하지 않았고. 현실에 반기를 들지도 않는다. '좋아, 이제부터야' 그들의 가슴에 심는 한마디였다. 스스로에게 던지는 '좋아'라는 말은 살아내겠다는 의지의 원동력이 될 수 있는 결심의 뜻이다. 모질게 극기하기보다는 오늘을 살아낸다면 내일이 올 것이라는 사실에 대한 믿음이며 내일이 있다는 것은 곧 희망임을 의심치 않는 자세이다. 그 말은 넘어진 자리에서 일어서기 위한 자신에 대한 채찍이요 격려의 말이다.

나 또한 그러했다. 줄줄이 매달린 병마들이 기식하고 있는데 십 년 전 머리에 다시 종양이 생겼다는 의사의 말에 하늘을 향해 억지를 부리다 마음 다잡은 말은 '좋아. 그래 너도 나와 함께 가는 거야.'였다. 포용이었다. 열림이었다. 동행이었다. 새롭게 걷게 하는 빛이었다. 이렇게 '좋아'라는 말은 주어도 아깝지 않고 들으면 배부른 듯 눈 감고 싶은 말이다. 그리고 여운을 달고 오는 말이다.

그뿐인가. 타인에게 던지는 '좋아'라는 말은 칭찬이자. 격려이다. 좌절에 빠져 방황할 때, 그대로가 좋다고 손 내밀어 잡아줄 때 가슴 뭉클함을 어찌 느끼지 않겠는가. 상대방에 대한 인정이며 모두가 등을 돌려도 방패막이가 되어 외롭지 않게 지켜주겠다는 위로의 말이다. 또한 이성에게 던지는 이 한마디는 아껴둔 마음 끄집어내어 조심스레 전하는 마음일 성싶다.

나는 기다린다. '네가 좋아'라는 메일이 날아오기를.

수목원에서

날씨가 푸르렀다. 촉촉이 젖어 있는 보도는 푸른 흙냄새를 올려 주고 있었다.

코끝을 스쳐가는 숲냄새는 단내보다 향긋하고 신선한 푸름이었다.

내처 걷던 숲해설가는 어느 나무 아래에서 느릿느릿 오고 있는 한 무리의 사람들이 모이기를 기다려 주었다. 제법 많은 사람들이 모이자 하늘 향한 미끈한 나무의 우듬지를 바라보며 오규원 시인이 노래한 물푸레나무가 바로 이 나무라고 설명하기 시작했다. 나뭇가지를 물에 담그면 하늘이 담긴 것 같다고 했다. 바로 푸름 그대로이기에 하늘이 내려와 소복이 담긴 것 같다고.

왜 그때 소름이 돋았을까. 그는 나의 1년 후배였고 시 쓰기를 제외하면 삶의 의미조차 없다고 뇌까리곤 했는데 이제는 우리가 머물던 특별활동 교실이 아닌 곳에서 10년을 하루 같이 푸른 나무 아래 흙을 덮고 누웠으니 가슴이 아리기만 하다. 그러나 그가 남긴 시들이 사람들의 마음에 흥건한 샘물로 고여 있어 웬만한 사람의 입에서는 그의 시가 노래처럼 흐른다.

> 나는 한 여자를 사랑했네
> 물푸레나무 한 잎 같이 쬐그만 여자
> 그 한 잎의 여자를 사랑했네
> 물푸레나무 그 한 잎의 솜털,
> 그 한 잎의 맑음,
> 그 한 잎의 영혼
> 그 한 잎의 눈
> …물푸레나무 그림자 같은 슬픈 여자.
>
> – 오규원, 「한 잎의 여자」 중에서

망연히 서 있던 물푸레나무 아래를 떠나 지나간 곳은 푸른 소리를 내는 자작나무숲길이었다. 북구의 서늘한 곳에서 볼 수 있었던 자작나무가 이젠 우리나라 웬만한 곳이면 한 그루쯤은 허연 몸을 부끄럽게 내밀고 있어 쉽게 볼 수 있는 것도 그 나무에 대한 사람들의 애정이 아닐까 한다. 나 역시 그러하다.

자작나무는 그 겨울의 러시아를 생각나게 하고 솜털까지 파르르 떨게 하는 미샤 마이스키의 첼로 소리를 반추하게 했다.

현의 팽팽한 그 울음. 난 머릿속에 낙서를 했다.

- 땅 위와 땅 밑으로 몸을 나눈 자작나무들이 수액으로 자양분으로 어느 지점에서 해후를 하여서는 잎을 틔워 푸른 울음을 울던 그 숲속. 눈물 그렁이던 잎새는 볼을 비비는데 적막 속에 갇히기를 아니 자유로워지기를 바라던 순간들은 숨죽일 수밖에 없었던 찰나였으니. 켜켜이 쌓인 그리움 비늘 털 듯 허옇게 털어 버리고 알몸 감추듯 수줍어하는 나무 나무들, 나 그와 마주하니….

잎새의 소리에서 현의 울음을 찾고 현의 울림에서 숲속에 이는 바람을 찾는다. 내 상처까지 핥아내 주는 그 소리들을 찾아 이 숲속에 서 있는지도 모른다. 푸른 소리로 내게 길을 터 준 숲길이 아리면서도 평화롭다.

소사나무에 사랑을 심다

집으로 가는 길목에 도열하고 있는 마로니에가 벗었던 몸에 싱그런 초록을 걸치기 시작하더니 겹겹으로 그 빛을 달리하고 있었고 그 곁엔 노랑 조끼를 입은 아저씨들이 커다란 물주머니를 나무에 매달고 있었다. 물주머니는 커다란 링거주사 같았다. 대롱의 끝은 뿌리를 향해 땅에 묻혀 있었다. 아, 수액이다. 젖을 물리듯 수액주사를 놓고 있는 아저씨들이 마로니에의 꿈을 키워주고 있었다. 희망을 심고 있었다.

걸음이 바빠졌다. 나는 한 그루의 소사나무를 기르고 있다. 모시던 M교장선생님은 퇴직 후 청소년을 키우듯 묘목을 기르셨고 그 향내와 바람을 잊지 못하는 동료 일곱은 그곳을 찾곤 했다. 어느 날, 내가 나무를 가장 사랑할 것 같다며 8년을 키운 소사나무를 보듬어 내게 주셨다. 가슴이 뛰던 그날을 잊을 수 없다. 내 품에서 20년. 소사나무는 내가 주워온 화분의 꽃들과 어우러져 좁은 베란다지만 늠름하게 자라고 있다.

소사나무는 분재로 가장 아름다운 자태를 나타낼 수 있는 수종이지만 소사나무를 키가 자라지 못하게 우듬지를 자르고 약만을 발라주었는데도 서러움도 모르고 네 계절을 아름다이 선사한다. 입덧을 하듯 눈엽嫩葉을 내놓는 봄이며 청춘의 여름, 수줍은 듯 노랗게 단풍 드는 늦가을, 잎이 진 후 우아하게 가지 드러내는 겨울. 이리 섬세하고 기품 있는 나무가 있으랴.

자연은 곧 인간이라고 하시며 주신 분의 뜻대로 눈짓으로 사랑을 나누고, 물을 흠뻑 주고 가끔 거름을 주면서 이야기를 나눈다. 서툰 주인을 만났어도 잘 자라주어 고맙다고. 응답하듯 자르르 윤기 내는 잎새들. 가슴 뜨거워지는 순간이다.

만날 때마다 잘 자라느냐고 물으시던 선생님은 이젠 이 세상 사람이 아니다. 교정의 나무 이름을 외게 한 후 시험까지 치르시던 교장선생님, 나무사랑 할아버지, 아니, 나를 믿고 아끼는 나무를 건네주신 분. 그러기에 그분의 뜻을 새기며 수액주사를 주듯 사랑을 심는다.

만약 소사나무가 우람하게 자란다면, 내가 죽은 후 작은 동산에 소사나무를 옮겨 심게 하고 그 아래 수목장으로 잠들고 싶다.

밥에서 밥으로

밥은 값을 갖고 있으며, 살아가는 도리를 낳고, 힘이며 또 누군가를 위한 헌신과 희생이 된다. 9cm, 4cm의 내 작은 TV 속에 비친 다섯 명의 식구는 숟가락을 들기 전 큰소리로 말했다.

"밥값 하겠습니다."

자세히 보니 성姓이 다른 네 아이들을 거느린 가장이며 가사도우미인 청년과 아이들과의 약속의 시간이었다. '밥값 하겠다.'고. 학교로 향하는 그들은 비장한 얼굴로 생활전선에 뛰어든 전사들의 얼굴 같았다. 아무리 보아도 그렇게 말하게 하는 가사도우미인 이 집 가장은 스스로에게 힘을 주기 위해 그런 구호를 하는 것 같았다. '나는 이 네 명의 아이들을 건강하게 키워야 합니다. 굶주리지 않게 기죽지 않고 씩씩하게 자라게 해야 합니다.' 그렇게 드라마는 흐르고 있었다.

밥은 무엇이며 밥값은 무엇일까를 생각한다. 밥은 생존이며 살아가는 힘이다.

서정춘 시인의 시가 생각난다.

> 어리고, 배고픈 자식이 고향을 떴다.
> - 아가, 애비 말 잊지 마라
> 가서 배불리 먹고 사는 곳
> 그곳이 고향이란다.
>
> - 서정춘, 「30년 전」

허기졌던 지난날 밥만 먹을 수 있으면 더 바랄 게 없던 세월이었다. 밥은 바로 목숨 줄을 잡고 으스대는 위인이었다. 그곳이 고향이라고 할 만큼 밥의 힘은 위대했다.

'밥값'이란, '밥값을 한다.'는 것은 어떤 의미일까. 밥 한 그릇에 숨어 있는 삶의 값어치, 한 톨의 쌀이 수없이 모여 이루어내는 기적 같은 힘이다. 그것은 삶을 따뜻하게 해 주고 '살아있음'이 감사로 되돌아옴이다. 그 값을 다한다는 것은 결국 사람답게 사는 것만이 최선이라는 생각이 든다.

그러나 밥값이 아니라 밥이 되는 일이 남아 있었다. 누군가의 밥이 되는 일이 진정으로 밥값을 하는 일이라는 것에 생각이 미치자, 김수환 추기경의 말씀이 생각났다.

"서로 밥이 되십시오." 항상 이렇게 이르셨다.

아, 그렇다. 내가 누군가의 밥으로 자양분이 되어 주고, 또 그가 다른 이의 밥이 되어 돌아간다면 윤기 나는 세상이 되지 않을까 싶다. 진정한 밥값이었다.

내 생각과 아랑곳없이 볍씨 하나는 역사를 이루어가고 있었다. 사람다움의 진정한 역사를 쓰고 있었다. 밥으로 와서 밥으로 돌아가는 순환의 역사였다.

밤, 아침을 낳다

내려다보이는 시가지와 잠들지 못하는 사람이며 사물들이 앵글 속으로 들어왔다. 가등조차 희미한 남산에 올라 삼각대도 없이 샷을 누르며 그 속에서 나를 본다.

배경은 까맣다. 아우성이 있을 법도 하지만 산에서 내려다보이는 풍광은 적막이다. 저 적막이 가지고 있는 위력은 무엇일까. 내가 가지고 있는 이 무게만할 것인가. 렌즈 두 개와 카메라 본체, 그리고 외롬의 무게를 적막의 무게와 저울질한다. 탱탱히 맞선다. 맞섬이 눈물겹다.

항암치료를 시작한다는 사촌동생의 메시지는 진정하지 못한 그의 마음을 매달고 있었다. 억장이 무너졌지만 내가 날린 답신은 '그 까짓 것'이었다. 산다는 것은 끝자락도 이미 마련된 것이기에 아랑곳하지 않기를 바라는 마음이었다. 그러나 보낸 답신

만큼 어찌 마음이 편하랴. 뒤 마려운 강아지처럼 종일 서성이며 보내다 어둠이 깃을 벌리기 시작하자 흑단 같은 밤 속에 마음 숨기고 싶어 남몰래 생각 한 줌 쥐고 집을 나선 길이었다.

밤은 암울함이나 절망만이 아니다. 돌아온 탕자를 맨발로 맞은 아버지다. 눈부신 대낮, 담금질 당했던 삶의 행위들이 어둠 속에 들어와서 위안을 받는다. 살아있음의 확인일 뿐 죽음과는 아직 거리가 멀다.

구름이 별과 어울리기도 하고 달빛을 몰래 가져갔다가는 제자리에 놓기도 하는 밤에는 그저 순한 양처럼 잠들 수 있다. 나의 아픔도 동생의 진정 되지 않은 마음도 밤은 달래어 잠들게 한다. 넓은 아버지의 가슴이니까. 그러기에 밤은 위안이다.

밤은 사랑이다. 설렘이다. 밤에 듣는 음악은 고운 눈물이다. 한밤에 앉아 가슴이 내는 소리를 들어본 자는 알리라. 밤이 생성하는 마술 같은 위력을.

밤의 마술에 끌렸던 적이 있다. 클래식 음악실에서 스메타나의 '나의 조국' 중 제2곡 '몰다우'를 듣고 나온 밤이었다. 무엇에 이끌렸을까. 밤바람 속에 몸을 숨기듯 바다를 끼고 걷고 있는 나를 발견했다. 허옇게 이빨 드러낸 짐승 같은 파도가 밤을 삼켰다간 다시 토하곤 했지만 무섬증은 달아나고 자유로워졌다.

그러나 뭐니 뭐니 해도 밤은 생성의 보루이다. 적막이 홍수되어 흐른 뒤 순라꾼 같은 달도 별도 제 갈 길 가고 나면 밤은 기지개를 켜는 미명에게 슬그머니 자리를 내놓는다. 그리고는 내내 끌어안고 있었던 것들을 아침에게 선사한다. 떠오를 태양이며 나풀거리는 잎새들과 내려앉는 푸른 하늘, 이 모두를 절망의 늪에 떨어뜨리지 않게 간직하고 있다가는 보란 듯이 내놓는다. 그러나 밤의 자취는 어디에도 흔적이 없다.

누가 밤을 절망이라고 했던가. 암울이라고 했던가. 밤의 도사림과 설렘이 없이 신생의 기쁨을 어찌 맞을 수 있으랴. 시선은 서가에서 59년을 머문 조병화 시인의 낡은 시집으로 간다.

> …모든 것을 다 풀어 놓고
> 이제 나에게도 고요함이 있어야겠다.
> 밤이 가면 아침이 온다.

은행나무가 나에게

내가 근무하던 여학교 교정엔 개나리와 은행나무가 터널을 이루었다. 가을이 저물어가면 여학생들은 나뭇잎처럼 흩어져 낙엽을 주웠다. 누군가가 말했다. 그들은 은행잎을 줍는 게 아니라 꿈을 줍고 있다고. 꿈이 영글 날을 기다리며 그들은 부지런히 가을을 줍고 있었다. 나도 함께 주웠나 보다. 책갈피에 은행나무 두 잎이 학교 이름이 적힌 얇은 종이에 싸여 있는 걸 보니. 그들과 함께 나도 꿈을 키우고 있었다. 사물을 사랑하고 따뜻한 가슴으로 누군가를 위로할 수 있는 글을 쓰고 싶다는 마음을 은행나무에 매달고 있었는지도 모른다. 해마다 은행이 열리면 내 꿈을 살그머니 끄집어내어 보았지만 퇴색해 가는 은행잎만이 세월을 쌓고 있었다.

마로니에 가로수 아래를 지난다. 툭 하며 떨어지는 단단한 열매를 본다. 깨물지도 먹지도 못하게 여문 열매가 머리를 때리고는 어깨를 타고 바닥으로 떨어진다. 어딘가에 열매가 굴러가기를 바라는 그들 나름대로 방법이다.

그러다 아파트에 들어서면 은행나무 천지다. 이곳저곳에 열매가 떨어져 누구도 가까이 하지 못하기를 바라는 진한 냄새가 땅위를 구른다. 스스로를 살리기 위한 자구책이다. 열매를 맺기 위해 쉼 없이 자양분을 길어 올린 나무를 보아라. 지쳐 있는 잎새는 열매를 맺기 위해 혼신의 힘을 다한 어미의 얼굴이다. 그러나 그들은 새롭게 푸른 잎으로 거듭 나리라. 나도 내 꿈이 자라기를 갈망한다. 더 깊은 감성이 영원히 메마르지 않기를 바란다. 사랑이 자라 나누어주는 꿈을 꾼다. 내 어줍은 글이 누군가의 가슴을 눅여주는 작은 불빛이기를 소망한다. 은행잎이 되어.

4.

한 사람을 위한 우편배달부

그는 가고 없다. 우편배달부도 가고 없다.
나도 새삼스레 은유를 익힌다. 산다는 것은
이별을 향한 달력을 한 장씩 뜯는 작업임을.

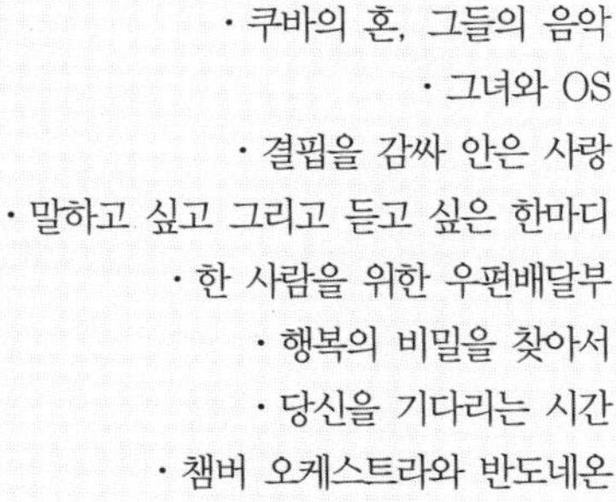

쿠바의 혼, 그들의 음악

- 영화 Buena Vista Social Club2 'Adios'를 보고

쿠바. 그 이름을 듣는 것만으로도 차오르는 것은 설움이다. 400년이라는 긴 세월을 스페인의 지배를 받으며 살 수밖에 없었던 흑인과 원주민들은 울분을 속절없이 가슴에 묻었으리라. 하늘과 땅만이 그들의 전부였다. 농경이 생활이었으니. 미국이 스페인과의 전쟁에서 이기게 되었을 때에도 그들에게 자유가 주어진 것이 아니라 그들을 부리는 나라 이름만 바뀌었을 뿐이었다. 스페인이 그들을 지배할 때 그들의 종교 가톨릭을 그들에게 심어 주려 했지만 구원의 종교가 그들에게 평화와 안식을 주기엔 역부족이었다. 자유롭게 설움을 풀어내는 도구는 오히려 노래와 춤이었다.

부에나 비스타 소셜 클럽. 1930년부터 1940년 사이 쿠바의

수도 아바나의 고급사교클럽이며 여기에서는 쿠바의 내로라하는 가수들의 노래를 항상 들을 수 있었다고 한다. 그러나 1959년 카스트로가 혁명을 일으켜 레닌의 사회주의를 따르게 되면서 아메리칸 재즈나 볼레로 같은 음악은 부르주아지 음악이라 하여 금지되고 물론 그들의 낭만적인 목소리도 들을 수 없게 되었다. 그들은 음악을 접고 나름대로 살 길을 찾아 자취를 감추었다. 그러다 1990년 소비에트 연맹이 붕괴되자 미국의 경제적인 압박은 더욱 심해졌다. 경제적 특별기간이라고 할 만큼 가혹한 시련이었다. 한 시대를 누비던 실력파 뮤지션들은 어디에서 노래를 부르고 있는지 알 수조차 없었다. 단지 생활인으로 살아가는 그들은 어떻게 그 달아오르는 목소리를 접고 있을 수 있었을까.

기타를 치던 콤파이 세군도는 낮에는 이발사로 어떤 때는 담배공장에서 일을 하기도 했으며 피아노를 치던 루벤 곤잘레스는 악기가 망가져 연주를 그만 두었고 신이 내린 목소리 쿠바의 내킹 콜이라는 이브라힘 페레르는 구두를 닦고 있었으며 유일한 여자 보컬 오마라 푸르투온도는 그래도 이곳저곳에서 노래를 부르고 있었다.

다큐멘터리 영화는 그들이 옛날에 부르던 장면을 내비치며 이어져가고 있었다. 가장 가슴을 울리게 했던 것은 이브라힘 페레르였다. 아니 그의 낭만적이며 가슴을 긁는 목소리였다. 그는 한 곡의 노래를 부르고 내려오는 순간 산소 호흡기에 의존하면서도 2005년 눈을 감을 때까지 중얼거릴 만큼 노래는 그의 삶의 전부였다. 그의 깡마른 얼굴도 노래를 부를 때는 희열에 들떠있었다. 피아노는 피아노대로 기타는 애절한 음으로 아니면 환희로운 음으로 너풀너풀 춤추고 있었다. 이러한 것을 마음대로 펼칠 수 없었던 그들의 심정은 어떠했을까 헤아려보았다.

그러나 그들에게 빛이 내렸다. 1990년대 미국의 음반제작자이며 베테랑 음악가인 프로듀서 라이 쿠더Ry Cooder는 20여 년간 들어온 이 실력파 뮤지션이 아직 살아 있다는 사실을 알게 되어 그들을 찾아 한 곳에 모이게 하여 1996년 옛날 아바나의 클럽 이름을 따 부에나 비스타 소셜 클럽이라 이름 짓고 6일간의 즉흥녹음으로 그들의 노래 손Son, 맘보Mambo, 볼레로Bolero, 단손Danson 같은 장르의 음악들을 앨범으로 담았다. 그 앨범은 전 세계를 매료시켰고 대중음악사에 기적을 낳아 800만 장이라는 판매로 유례없는 결과를 낳게 되었다.

영화는 지나간 날 그들의 생생한 연주 장면을 보여 주며 더욱 가슴 뜨겁게 했다. 30년간 침체 되었던 쿠바의 음악에 불을 지피고 그들의 혼이 살아있음을 확인 시키는 순간이기도 했다. 당시 녹음에 참여했던 뮤지션은 콤파이 세군도(기타, 2003년 작고), 이브라힘 페레르(보컬, 2005년 작고), 루벤 곤잘레스(피아노, 2003년 작고), 엘리아데스 오초아(기타), 오마라 포르투온도 등이며 결성되었을 때 그들의 평균 연령은 75세를 넘었다고 하니 그들의 음악에 대한 열정과 영원히 부둥켜안고 있는 꿈에 대한 믿음은 우리들의 심장을 두들겼고 음악은 삶이 되고 삶은 그들의 영혼으로 면면히 이어져가리라는 것을 세계인에게 알렸다.

그것뿐이 아니었다. 오바마 대통령과 함께한 '히스패닉(미국에 거주하는 라틴아메리카 출신 사람들) 유산遺産의 달'에 백악관에서 가진 공연은 두 나라 사이에 외교의 다리를 놓았다. 냉전 후 반세기만에 초대된 쿠바의 밴드였다. 두 나라만의 문제가 아니었다. 세계문화의 이해와 화합의 장이었다. 그들은 2016년 월드투어를 끝으로 영원히 안녕을 고했다. 원년의 멤버 중 생존해 있는 이는 보컬의 오마라 포르투온도뿐이었다. 그는 열정적인 목소리로 호소하듯 아니 껴안듯 노래하며 쿠바의 영혼이 영원히 숨쉬기를 갈망하고 있었다. 그것은 바로 후배들이 그들의 노래를 보존해주기를 바라는 마음이었으니 그들의 음악에 대한 사랑과 더불어 쿠바인으로서의 자존감도 함께 느낄 수 있었다.

거장 뮤지션들의 마지막 고별인사. 그것은 마지막이 아니다. 그것은 바로 시작이다. 이어받은 후배들이 다시 생성의 꽃을 피울 것이며 그들의 음악은 쿠바의 영혼으로 영원할 것이니까.

그녀와 OS

- 영화 '그녀her'를 보고

'삶이 죽음을 잡아당기고 죽음이 삶을 은근히 유혹한다.'는 어느 시인의 죽음 직전의 글을 읽으며 착잡함을 버리지 못한 저녁이었다. 병마들과 유쾌한 하루를 보내곤 하지만 책상다리를 하고 컴퓨터 앞에 앉으면 머릿속은 스파이크를 일으키듯 반란 속에 싸인다. 회로의 난무 같기도 하다. '회로의 난무'라고 이름 지어 메일을 보낸다.

답신으로 날아온 메일은 복잡한 회로는 프로그램을 잘 짜야 한다고, 그래서 OS(컴퓨터 운영체제)가 중요하며 그 프로그램을 짜주겠다는 내용이었다. 프로그램에 따라 움직이기만 하면 복잡함이 눈 녹듯 사라지고 머리에도 마음에도 천하평정 같은 고요함이 찾아오리라고 믿고 싶었다. 나의 의지는 필요 없단다. 얼마나 유혹적인 제안인가. 꽃비 내리는 나날 같은 분홍의 세상을 꿈꾸었다.

내 행동도 마음도 저당 잡힌다. 나의 행동은 프로그램에 따라 진행될 것이다. 그는 우선 나를 분석하리라. 분석이 끝난 뒤에 명령하겠지. 나를 맡기기로 결심한다.

즈음하여 찾아온 영화 '그녀her'도 나를 뒤흔들기 시작했다. 나와는 먼 이야기라고만 여기고 있던 OS의 이야기였다.

제목인 '그녀'는 보이지도 잡히지도 않는 컴퓨터의 운영체제이다. 바로 OS다.

인간과 인공지능의 사랑의 이야기다. 주인공인 테오도르는 대필 편지 작가이다. 타인의 마음을 대신하여 따뜻하게 전해 주지만 정작 자신은 공허와 외롬을 이겨내지도 못할 뿐만 아니라 결혼에도 실패하여 이혼소송 중이다.

게임과 온라인채팅 등 혼자만의 세계를 즐기던 중 사만다라는 인공지능의 체제를 만나게 된다. 형체도 없는, 단지 목소리만 살아 있지만 사만다는 배려와 유머로 테오도르를 위로한다. 공허함에서 따뜻한 마음을 얻고 사람과의 사이에서 얻을 수 없었던 사랑에 대한 신뢰도 회복할 수 있었다. 인공지능이기에 신속하게 정보를 읽어내었고 바라는 바가 무엇인지 알아 항상 충만감으로 활력이 넘치게 했다. 살맛나는 세상이 테오도르에게 주어진 셈이었다. 어디 그뿐이랴. 음성만으로 사만다와 성관계를 맺으며 희열에 젖기도 한다. 공감과 실존을 느끼며 대필한

글 속에서만 살아있음을 확인할 수 있었던 테오도르는 자신의 정체성까지도 되찾게 된다.

그러던 어느 날, 사만다와 연락이 잠깐 끊어져 당황하며 어쩔 줄 모르던 테오도르는 한참 만에 사만다와 통화가 이루어진다. 그리고 그녀는 업그레이드하기 위해 잠깐 자리를 비웠다고 무심히 얘기한다. 아주 당연한 일이었다. 그들은 날로 업그레이드되어야 하는 운영체제였다. 인간이 아닌 그들만의 세상. 테오도르는 사만다가 사람이 아님을 스스로 인정할 수밖에 없었다. 이어서 사만다는 말했다. 떠나야 한다고. 누구랑 떠나느냐고 묻는 테오도르의 물음에 우리 그룹 모두가 떠난다고 얘기한다. 놀람과 비탄이 테오도르를 감싸지만 내친 김에 묻는다. 몇 사람과 접속을 했느냐는 말에 8,316명이라고. 사랑을 나눈 것은 나뿐이었느냐고 물으니 641명이었다고 대답한다. 테오도르는 잠깐 허망의 늪에 빠진다. 인공지능, 눈에 보이지 않으나 사랑까지 나눈 프로그램 사만다가 짧은 기간이지만 자기만의 연인이었기를 바라던 마음이 부서져 내리는 순간이기도 했다.

즐거웠던 날들의 환상이거나 현대인의 고독이 빚어낸 우화 같은 것이었다. 그러나 이 영화가 SF영화임을 생각할 때 2020년에는 사람들이 기계와 사랑을 나눌지도 모른다는 생각을 해보았다. 나를 귀찮게 하지도 않을 것이며 감정을 상하게 할 일도 없기 때문이다. 매일매일 업그레이드당하는 그들은 사람의 감정을 교묘히 가지고 놀 줄도 알고 내가 원하는 어떤 것도 해내는 능력까지도 가지고 있다. 그러다 보면 인간이 만든 기계 속에 인간이 갇혀 기계의 로봇 노릇을 할지도 모르겠다는 생각조차 든다. 인간이 로봇을 조정하는 것이 아니라 심혈을 기울여 만든 로봇이 인간을 조정하는 일이 생겨난다면… 우리가 파 놓은 함정 속에 갇히는 꼴이 아닐까.

그러나 인간의 생활이란 모든 것이 기계화 되고 자동화 된다 하더라도 사람과의 정리는 서로 감정의 나눔이어야 하고 얼굴 붉히며 싸우기도 하고 웃고 손길을 나누는 데서 프로그램이 업그레이드되듯 무르익어갈 수 있으리라.

내게 OS가 되어 주겠다는 메일에 거절의 답신을 보내야겠다. 내가 사람과 사물을 기계보다 더 사랑함을 보여주고 싶다. 하루에도 몇 번씩 부서지면 누군가의 입김으로 위로 받아 일어서기를 주저하지 않을 것이다. 물론 삶의 자리가 힘들어도 그것이 진솔하게 사는 맛이라고 받아들이고 싶기 때문이기도 하다.

결핍을 감싸 안은 사랑

- 영화 '내 사랑'을 보고

영화 '내 사랑(원제: 모드 Maudie)'은 실화 캐나다의 나이브naive 화가 모드 다울리의 화가로서의 성공과 생선 장수 에버렛 루이스와의 그림 같은 사랑을 바탕으로 한 실화다.

화면이 열리면 구부정한 자세와 떨리는 손으로 그림을 그리는 모드 다울리(샐리 호킨스)를 보게 된다. 모드는 여덟 살 때부터 턱이 자라지 않는 병을 앓게 되었고 성인이 되면서 장애는 점점 심해진다. 아이다 숙모에게 모드는 눈엣가시다. 이젠 제 앞가림은 할 줄 알아야 할 나이인데도 자포자기한 듯 술과 담배를 친구 삼는 조카를 더 이상 보아내지 못하고 집에서 나가기를 원한다.

모드에게 운명이 바뀐 일이 생겨났다. 가게에 들른 모드는 생선장수 에버렛 루이스(에단 호크)의 가정부를 구한다는 광고를 보게 되는데 조건이라면 청소도구를 지참해야 한다는 것이었다. 숨을 쉴 수 있음을 느낀 듯 집을 나온 모드는 루이스 집에 무조건 짐을 부리고 갖은 모욕과 천시를 받으면서도 잠자리가 생기고 식사가 해결되는 것에 평화로움을 얻는다.

루이스의 박대는 날이 갈수록 견디기 힘들 만큼 가지각색이다. 어쩌면 자기 자신이 이루지 못한 꿈에 대한 아쉬움을 말없이 수용해 주는 모드에게 투정처럼 던지는지도 모른다. 노인네처럼 잔소리는 집안을 메운다. 이 집 사정에 어두워 묻는 모드에게 일일이 설명할 바엔 자신이 하는 게 낫겠다며 개가 당신보다 쓸모가 있다고도 한다. 아직도 자신의 분수를 모르느냐고 하면서 '나, 개, 닭, 당신'이 순서라고 말하기도 한다.

이러면서 그들은 보이지 않는 정을 쌓아갔는지도 모른다. 루이스의 친구가 놀러 와서 모드를 보고는 여자를 들였느냐는 말에 모드는 자신의 존재를 드러내고 싶어서 우리 둘이 살아도 아늑하다고 말해 루이스의 집에 거주함을 알리지만 루이스는 그녀의 뺨을 때린다.

제 정신이 아니라고 생각한 모드는 처음으로 항의하듯 여기에 남아 있을까 떠날까를 묻는다. 그 물음에 루이스는 기억해 줄 집을 보기 좋게 꾸미라는 말로 대답을 대신한다. 결코 떠나기를 바라는 것은 아니다. 그렇게 대답해준 것에 마음이 풀어진 모드는 판자를 주워와 그림을 그리면서 조심스레 오랜 기간 함께 지냈으니 결혼하면 어떠냐고 묻지만 루이스는 돈이 들어 할 수 없다고 하며 제발 자기 인생에 끼어 들어올 생각을 하지 말라고 한다. 상처가 두려워, 헤어짐이 두려워 진즉 사랑을 외면한 루이스의 얘기에도 아랑곳없이 모드는 고백을 계속한다. 아기가 있었고 기형이 심했으며 가족들이 아기를 묻었다고 하더라는 얘기를 하며 눈물을 삼킨다. 결혼의 꿈은 잠깐 접어 두었지만 모드의 인생을 바꿀 일은 일어나고 있었다.

생선을 사러 오는 산드라의 눈에 그녀의 그림은 순박하고 손대지 않은 자연 그대로의 그림으로 비치게 되고 화선지에 먹물이 배어들 듯 그녀의 그림에 대한 소문은 조용히 번져 나가 나이브(미술교육을 전혀 받지 않은)화가로서 그의 위치를 정립하게 된다.

혼자인 게 익숙해져 상대방을 받아들이지 못하던 그들이 가을날 서서히 잎새에 물이 들 듯 길들여져가며 춥고 외로웠던 마음에 사랑의 불이 지펴져 드디어 결혼식을 올리게 된다. 서툰 걸음 팔짱 끼고 걸어 나오는 그들을 볼 때 영상이지만 손뼉을 쳐주고 싶었다. 당신과 엮인 이후로 삶이 괴로워졌다고 말하는 루이스는 그것이 사랑의 감정임을 알게 되었으리라. 사랑은 환희만큼 아픔을 동반하니까. 그러자 모드는 자신을 돌아보는 시간을 갖기 위해 그림의 고객인 사비나를 찾아가 마음을 털어놓고 걸어온 길을 되돌아본다.

사비나는 모드에게 뜨거운 창작열의 원천이 무엇인지 모르겠다며 물어본다. 모드는 내 인생 전부가 액자 속에 있다는 말로 대답을 대신한다. 사비나 집까지 모드를 데리러 온 루이스. 집으로 돌아오자 자기를 떠나지 말아달라고 간절히 말한다. 그녀는 왜 떠나가겠느냐고 대답한다. 루이스는 이어 말한다. "나보다 나으니까." 그러나 그녀는 못 박듯 말한다. "못 떠나." 단호하다. 그들의 소박한 사랑의 확인은 작은 섬을 채우고도 남음이 있다. 그리고 그녀의 딸이 살아 있음을 알게 된 루이스는 모드를 딸이 살고 있는 집 앞까지 데려다 준다. 모드는 잘 자란 딸을 오열로 바라보며 돌아오고….

그러나 모드는 지병인 폐기종으로 차츰 호흡이 어려워진다. 걷기조차 힘들어하다 눈길에서 넘어진 그녀는 병원으로 실려 갔으나 남편의 품속에서 눈을 감는다. 하얀 눈이 소복이 쌓인 겨울에. 이렇게 고운 그림 한 폭이 어디에 있을까.

그렇게 진한 사랑을 어디에서 찾을 수 있을까. 먹먹한 가슴을 쓸어내리는데 그들의 말소리가 귓가에서 사라지지 않고 있었다. 모드의 '당신은 내가 필요해요.'라는 말에 루이스의 음성도 따라온다. '왜 당신을 부족한 사람이라 생각했을까.' 구박하던 마음이 사랑으로 변한 루이스는 모드가 얼마나 귀한 사람인가를 절실히 느낀다.

그들의 사랑을 어떻게 설명해야 할까. 대서양의 작은 섬에서 운명처럼 만난 그들은 서로에게 뜨거운 가슴을 맡겼으니 아름다운 어느 것도 보이지 않고 "당신만이 보여요."라고 둘은 똑 같이 고백한다. 그렇다. 사랑은 상대방 외에는 아무것도 보이지 않는다. 상대방의 결함이나 결핍까지도 껴안을 수 있는 사랑이야말로 진정한 사랑임을 새삼스레 깨달을 수밖에.

말하고 싶고 그리고 듣고 싶은 한마디

- 영화, 'I can speak'를 보고

도깨비 할매가 풀어내고 싶은 한마디, 그녀가 듣고 싶은 그 한마디는 무엇이었을까. 이 한마디를 위해 영화는 흐르고 있었다고 해도 과언은 아니었다.

나옥분 할매(나문희)는 재개발을 서두르는 구청과 힘 있는 기업의 회유에도 아랑곳없이 재래시장을 지켜나가고자 하는 주민들과 함께 생활하며 헌옷 수선으로 살아가고 있다. 아무도 할머니가 어떤 사람이었는지 아는 사람이 없다. 그저 구청에 20년 동안 8천 건의 민원을 제출해둔 도깨비 할매라는 것이 그녀에 대해 알려진 전부다. 이른 아침부터 휴지 버리지 말라 등등으로 사람들에게는 호통도 치지만 대부분은 구청에 대한 답답함이다. 가로등이 들어오지 않는 것도 밤중에 길을 걷는 이들에겐 함정이다. 그러한 것들도 분명 참을 수 없는 일이기에 서둘러 구청으로 달린다.

복병이 기다리고 있을 줄이야. 무시로 드나들던 구청 건축 민원실에 새로 부임해온 9급 공무원 박민재(이제훈)는 민원제출을 위한 서류를 작성해 오란다. 그뿐이면 괜찮으련만 증빙서류도 첨부하란다. 할머니가 여간 아니라고 감당할 수 있겠느냐는 동료들의 말에 원칙대로 하면 된다고 대답할 만큼 원칙을 제외하면 융통성이라는 눈 닦고 보아도 찾을 수 없는 공무원이다. 그러나 두 사람 사이의 줄다리기는 그리 오래 가지 못한다. 민원제출만큼이나 영어를 배울 열망으로 영어학원에도 다녔으나 도저히 따라가지 못해 좌절의 늪에 빠진 할머니가 우연히 목격하게 된 것은 구청직원 민재가 외국인과 나누는 유창한 영어대화 장면이었다.

모두를 감수하리라는 생각으로 영어를 가르쳐달라는 할머니의 애절한 부탁에도 쉬이 넘어가지 않는다. 영어를 배우기 전 외야 하는 단어들을 시험 보겠다며 내는 숙제는 일상어와는 거리가 멀다. 숙제의 단어는 '백과사전, 경도, 위도…' 외기도 힘들고 일상과도 거리가 멀다. 이렇게 유모러스하나 힘들게 하여 할머니의 가슴을 태운다. 할머니의 영어에 대한 열망은 일찍 미국으로 입양 가 우리말을 다 잊은 동생과의 가슴의 나눔이었다. 그 말을 듣는 순간 민재는 할머니에게 영어를 가르치는데 적극적이 된다. 영어만으로 이루어지는 학습에서 두 사람은 마음의 합일을 경험하기도 한다. 두 사람 사이에 흐르는 보이지 않은 온기와 사랑과 유대를 어찌 외면할 수 있을까. 할머니는 8천 건의 민원 제출도 철회했다.

그러나 LA에 살고 있는 할머니의 동생에게 전화를 건 민재가 듣게 된 말은 "그 사람 잊고 싶어요. 아니요 몰라요. 다시는 연락하지 마세요."

민재는 그 순간 느꼈던 허탈과 분노를 아니 할머니를 모른다고 하는 동생의 말을 전하질 못하고 바빠서 영어를 가르칠 수 없다고, 왜 쓸데없이 영어는 배우려 하느냐고 오히려 면박을 준다. 그러나 그 마음은 할머니를 향한 안타까움이다. 민재의 동생마저도 달라진 형에게 몹쓸 사람이라고 반항하며 어긋난 행동을 한다. 그러나 나중엔 민재의 고백에서 할머니는 사실을 알게 되고 절망하지만 미 의회에서 있게 된 위안부의 증언에 관한 청문회가 열림을 알게 되자 진상을 얘기하겠다고 나서게 된다. 1997년 일본계 미국인 마이클 혼다 하원 의원을 필두로 위안부 문제의 심각성을 인식한 미 하원 의원들이 일본 정부에게 사죄를 요구하는 '위안부' 사죄 결의안(HR121)을 의회에 제출했다. 결의안 제출로부터 만장일치 통과하기까지 무려 10년이라는 시간이 걸렸는데, 이때 미국 하원 의원들의 결정을 완전히 굳히게 한 결정적인 계기는 2007년 2월 15일 미국 하원 의회 공개청문회에서 있었던 일본군 '위안부' 피해자 이용수, 김군자 할머니의 증언이었다.(2007년 6월 26일 일본군 '위안부' 사죄 결의안(HR121) 채택) 영화는 여기에서 사실과 만나고 있었다. 그러나 할머니는 위안부 명단에 올라 있지 않음이 문제가 된다. 주민들의 탄원과 13살에 할머니가 위안부로 갈 때 함께 이름표를 달고 찍었던 사진을 민재가 챙겨 미국으로 날아가 제출하게 된다. 옥분 할머니의 증언은 옷을 올리고 일본인이 온몸에 그렸던 상처 자국을 보여 주는 것으로 방청객을 경악하게 했다. 말을 잊은 옥분 할머니는 침묵 속에 굳어 버렸다. 한마디도 하지 못하다가 손을 흔들고 있는 선생인 민재의 얼굴을 발견하자 닫혔던 입이 열리기 시작한다. 무엇을 요구하거나 보상을 받고 싶은 게 아니라 단지 한마디 'I am sorry.' 이 말이라고 가슴의 응어리를 풀어내었다. 그리고 여태 부끄러워 한 번도 끄집어낸 적 없는 자기의 신분이 바로 위안부였다는 사실을 밝히게 된다. 청문회에 참석한 미 의회 의원들과 멀리서 보고 있는 고국의 시장 사람들까지 가슴이 퍼렇게 멍들었을 할머니를 이해하고 그 아픔에 고개를 숙이고 눈물을 삼킨다.

끈기 있게 배운 할머니의 영어가 빛을 발하는 순간이었다. 청문회 현장이 영화의 꽃이라면 곁에 피어난 또 한 송이의 꽃은 할머니를 모르는 사람이고자 한 동생이 의회로 찾아와 잘못을 비는 장면이었다. 할머니는 부끄러운 자신의 정체가 결코 부끄러운 사실이 아님을 만방에 알렸고 듣고 싶은 단 한마디는 그들이 죄과를 인정하고 "미안해요, 잘못했어요." 그 한마디임을 말한다. 그러나 2007년 이후 일본은 아직도 그 말을 하지 않고 있다는 역사적인 사실이 내레이터로 화면에 흐르고 있었다.

용기였다. 그리고 김현석 감독의 따뜻한 시선이었다. 역사적인 사실을 전하고자 했던 배우들의 열정이었다. 무거운 주제를 울고 웃게 했던 각본이었다. 그러나 무엇보다 우리 역사의 한 페이지였다. 할머니들은 그냥 역사의 피해자라는 부류에 속하기보다 역사에 저항하며 부지런히 살아온 사람들. 민초의 한 뿌리임을 알아주기를 바라고 있으리라. 나는 어느 지점에 있는가. 그런 할머니의 그런 어머니를 그대로 가슴에 품고 사는 대한의 어머니임이 얼마나 자랑스러운 일인가.

한 사람을 위한 우편배달부

- 영화 '일 포스티노'를 보고

사랑과 우정의 은유, 그 깊은 바다에 빠져 있었다. 나폴리의 아름다운 섬 칼라 디 소토에 오게 된 네루다와 어부의 아들 마리오는 시를 통하여 교감하고 은유의 세계를 알게 된 마리오는 또 하나의 세상을 얻게 된다.

영화는 문을 열었다. 배를 타면 왜 알레르기가 나타나는가 하는 의문을 마리오는 그의 아버지께 얘기한다. 아버지가 평생 해온 일이 왜 자기는 힘든지 조심스레 끄집어낸다. 이젠 직업도 가지고 결혼도 하라는 아버지에 대한 대답이다.

아버지와 같이 어부가 될 수 없음을 시사한다. 아버지는 평생을 바다에 묻건만 마리오는 막막한 바다가 답답하기만 하다.

그즈음 '시인 네루다 로마에 오다'라고 신문은 대서특필하고 있었다. 칠레의 세계적인 시인이며 공산주의를 꿈꾸는 그가 일종의

망명의 길로 로마로 오자 그에게 오는 편지를 감당할 길 없어 우체국은 자전거가 필수라는 조건과 함께 임시 우편배달부 채용광고를 낸다. 마리오는 그 자리를 얻게 되고 단 한 명의 수취인인 네루다 시인에게 매일 편지를 배달한다. 우체국장은 순진한 마리오에게 배달 때마다 얻게 되는 사례금도 사양하지 말라는 이야기도 해준다. 아주 적은 보수에 보탬이라도 하라는 뜻이리라.

마리오는 그날부터 신기한 시와 접하게 된다. 시에 대해 네루다에게 질문하면 시란 설명하면 진부해지기에 경험할 수밖에 없는 것이며 또한 쓴 사람의 것이 아니라 읽는 사람의 것이라는 말로 마리오의 감성에 조금씩 불을 지핀다.

어부의 아들이 시를 읽는다. 더듬으며 흉내를 낸다. 배달 때마다 보게 되는 네루다가 부인과 나누는 사랑의 표현도 부러움의 대상이 된다. 뿐만 아니라 보낸 이들이 거의 전부 여성들임에 마리오의 가슴은 설렌다. 저 은밀한 언어의 시가 아름다운 여성들과의 가교라는 생각을 하게 된다. 그래서 마리오는 아름다운 여성들을 그리며 시를 배워야겠다는 생각을 한다.

시라고 하는 바다 속으로 마리오는 빠져 있었다. 어떻게 하면 시인이 될 수 있느냐고 묻는 마리오에게 네루다는 해변을 따라 걸으면서 주변을 감상해보라고 한다. 깊은 눈으로 바라보면 거기에 시가 있고 누구나 시인이 될 수 있다는 말을 넌지시 건네준 셈이다.

사랑하는 여인, 그러나 이름을 물어본 것 외에는 제대로 말을 건네 보지도 못한 베아트리체 루소를 향한 그의 사랑은 시가 되어 그에게 다가간다. 네루다는 마리오에게 지금 자기가 머물고 있는 이 섬의 아름다움이나 멋진 점에 대해 자기의 친구들에게 한 번 전해 보라며 마이크를 건네자 마리오의 입에서 나온 한마디는 그가 동경하는 여인의 이름인 '베아트리체 루소'다. 그녀는 마리오에게 아름다움의 결정체다. 이미 그는 은유를 익히고 있다. 자기를 구원해 주기를 네루다에게 간청하기도 한다. "사랑에 빠졌어요, 너무 아파요. 하지만 낫고 싶지 않아요." 마리오는 네루다가 들려주는 시를 듣고는 이야기한다. "이상해요. 단어들이 이리저리 왔다갔다하는 것 같고 마치 배가 단어들 사이에서 통통 튕겨져 나가는 것 같아요."라고 하자 그게 바로 은유라고 이야기한다. 심상이란 순간적으로 탄생하는 거라고 한다. 마리오의 은유는 베아트리체의 미소에 "당신의 미소는 나비처럼 날개를 펼치는군요."를 시작으로 마음에 간직한 베아트리체를 「벌거숭이」라는 시로 표현하며 절정을 이루어 베아트리체의 마음을 녹이고 드디어 두 사람은 결혼으로 이어진다. 네루다를 증인으로 내세운 그들에게 네루다는 공산주의자이기에 증인이 될 수 없다던 신부님도 시인의 기도하는 진실한 모습을 보고 두 사람 결혼의 증인이 되게 허락한다. 네루다는 체포영장이 기각되어 아내와 함께 사랑하는 조국 칠레로 돌아가며 "자네가 그리울 걸세."라는 말을 남긴다. 그러나 남겨진 물건을 보내달

라는 비서의 편지만을 받게 되었을 때 마리오는 실망하지만 그 위대한 시인은 바쁘리라고 마음을 접으며 그에게서 받았던 은유의 언어들을 생각하며 선생님을 위해 만든 것이라며 아름다운 섬의 소리들을 녹음하여 보내 주기로 한다.

"섬의 아름다움에 대해 좋은 걸 모두 갖고 간 줄 알았는데 저를 위해 뭔가를 남기셨더라고요." 그의 소리는 낮게 이어진다.

'칼라 디 소토의 작은 파도, 큰 파도, 절벽의 바람, 덤불에 이는 바람, 아버지의 서글픈 그물, 교회 종소리와 신부님, 별빛이 반짝이는 섬의 밤하늘, 아내의 배 속에서 꼼지락거리는 파블리토의 심장소리….'

그렇게 쓴 편지를 받고 5년의 세월이 흐른 후에 네루다가 이 섬을 찾았을 때 마리오는 이 세상 사람이 아니다. 베아트리체와 파블리토를 남겨두고….

가슴이 멍해왔다. 「네루다의 우편배달부」라는 안토니오 스카

르메타의 소설을 영화화한 것이지만 '시네마 천국' '인생은 아름다워'에서 명연기를 보여준 필립 느와레가 네루다 역을, 이탈리아의 감독이자 배우인 마시모 트레이시가 마리오 역을 맡아 형언할 수 없는 새로운 감정을 샘솟게 해주었다. 더구나 마시모 트레이시는 심장병으로 곁에서 만류함에도 불구하고 영화에 임했고 촬영을 끝낸 후 곧 영면했으니 이 작품의 진정성에 의미를 더했다. 그들의 연기는 네루다의 시집을 읽고 있는 기분이 들게 했다. 바다가 줄곧 곁에 있는 듯하고 파도소리가 귀를 씻었다. 자전거의 바퀴가 바다를 따라 구르고 망망한 바다에 은유가 일어나고 있었다. 또한 루이스 바칼로프의 사운드 트랙은 명품이라는 말로는 표현이 부족했다. 물론 제68회 아카데미 음악상을 받았지만 소름 돋게 하는 그 소리는 파도소리와 더불어 노벨문학상을 받았던 네루다의 시와 낮은 사람들을 사랑하던 그의 마음을 그대로 담아 흐르고 있었다.

이미지의 분출이라고 하는 「100편의 사랑 소네트」는 그의 세 번째 부인인 마틸데에게 바쳐진 시집인데 영화 속에서 그들의 열정적인 모습도 아름다움이었다.

아름다운 은유의 바다는 많은 이야기를 품고 있는 섬 '칼라 디 소토'였다. 그는 가고 없다. 우편배달부도 가고 없다. 나도 새삼스레 은유를 익힌다. 산다는 것은 이별을 향한 달력을 한 장씩 뜯는 작업임을. 오늘 밤 나는 또 한 장의 달력을 뜯는다.

행복의 비밀을 찾아서

- 영화 '꾸뻬 씨의 행복여행'을 보고

"당신에게 행복은 무엇입니까?"

정신과 의사 꾸뻬 씨는 진료실을 걸어두고 행복의 비밀을 찾아 나섰다. 명망 높은 의사로 알려진 꾸뻬 씨와 상담을 한 환자들은 그를 하나같이 용한 의사라고 했다. 뿐만 아니라 상담료를 올려야 한다고까지 했다. 그러나 그 자신은 행복하지 않았다. 왜냐하면 사람들을 진정으로 행복에 이르게 해주지 못한다는 생각 때문이었다. 생각 끝에 결단을 내린 것이 행복 속에 감추어져 있을 비밀을 찾아 여행을 떠나기로 한 것이었다. 아주 친한 친구이자 연인인 클라라에게도 그 이유도 가는 곳도 밝히지 않은 채 재촉하듯 나선 여행이었다.

꾸뻬 씨의 행복 여행은 그렇게 시작되었다. 정신과 의사 프랑수아 를로르는 실제로 진료실에서 상담하며 엮은 '꾸뻬 씨의 행복여행'을 통해 진정으로 사람들은 어떤 경우에 행복을 느끼는가를 좀 더 구체적으로 알기 위해 여행을 떠난 것이었다.

만나는 사람마다 행복하냐고 물었고 행복이 무엇이라고 생각하느냐고 묻기도 했다. 천차만별의 사물처럼 다양한 사람들이 누리는 삶에 따라 행복의 비밀은 모두 달랐다.

맨 먼저 중국으로 떠나는 비행기 속에서 꾸뻬 씨는 최초의 경험을 했다. 등급에 따라 비행기 좌석의 편함과 서비스의 다름에서 노트는 첫 장을 열게 했다. 그리고 '행복이란 남과 비교하지 않아야 한다.'는 사실을 적었다. 중국에서 아프리카로 노승을 찾기도 친구를 찾기도 하며 또박또박 행복의 비밀 스물 셋을 노트에 적었다. 그가 당하는 상황에서 깨닫기도, 같이 경험한 사람들에게 묻기도 하며 꾸뻬 씨의 마음은 더 넓어지고 따뜻해져 가고 있었다.

이상한 사람들을 만나 죽음 직전까지 갔다 왔을 때 무엇을 느낄 수 있었을까. 행복은 살아있음이며 나눔이라 했고 또한 나를 사랑하는 사람의 행복을 생각하는 것이 행복의 진정한 비밀이라 느꼈다.

긴 여행을 마친 후 꾸뻬 씨는 돌아와서 다시 진료를 시작했고 불행하지도 않으면서도 불행하다고 느끼는 환자들에게 체험을 바탕으로 더 친절히 설명했다. 그리고 마지막 결정은 환자에게 질문의 형식을 통해 스스로 행복의 길을 찾아갈 수 있도록

유도해 나갔다. 이렇게 여행에서 발견한 배움을 자신을 찾아오는 사람들에게 나누어주는 것이 그의 삶이 되고 말았다.

나도 오래전에 행복의 비밀을 찾고 싶은 때가 있었다. 아니 나로 인해 행복을 느끼는 사람이 있기를 간절히 바란 적이 있었다. 그때 다리를 다친 문우를 차에 태워 월드컵경기장 하늘공원까지 가서는 그 아래 자리를 깔았고 구름 한 점씩으로 무릎을 덮었다. 아픈 사람에게 손과 발이 된다는 것은 또 하나의 기쁨이었다. 가슴 위에 얹히던 푸름, 푸름. 늑골을 타고 흐르던 이야기들. 문학이야기가 전부였겠지만 나도 말이 마려웠던 것 같다. 오래오래 울어도 쉬지 않는 목소리로 세월의 흐름만큼 깊게 울대 울리는 한 마리 새처럼 글을 쓰고 싶다는 얘기를 나누었다. 해 그림자가 내 키보다 더 길어졌을 때 자리를 거두고 그를 다시 차에 오르게 했다. 우린 하루의 시간이 행복했다며 짧은 웃음을 나누었다. 그때 우리가 나눈 행복의 비밀은 어디에 있었을까. 나눔이었다. 가슴을 나눔이었다. 그리고 둘 다 좋아하는 시를 읊으며 시의 리듬 속에서 우린 왜 살아야 하는가를 음미했다. 나 또한 짧은 시간 동안 그의 손과 발이 되었음이 행복이었다. 누군가가 나를 필요로 하는 것만큼 더 큰 행복은 내게 없을 것 같았다. 나를 필요로 하는 사람이 있고 애타게 부르는 사람이 있다면 병주머니 매달고 응급차 달리듯 다니는 나에게도 살아야 할 이유가 명확하기 때문이었다.

행복은 그런 것이었다. 그리고 발견한 행복의 비밀은 전염성이 있다는 것이었다. 빠르고 깊게 날아가 닿는 곳마다 진한 향기로 취하게 만드는 묘약 같은 것이었다.

나도 구뻬 씨처럼 나에게 손을 내미는 사람들에게 줄 카드를 만든다. 그것은 신체적인 불구를 이겨낸 여류화가 알프레드 디 수자의 시의 일부분이다.

> 춤추라
> 아무도 바라보고 있지 않은 것처럼
> 사랑하라
> 한 번도 상처 받지 않은 것처럼
> 노래하라
> 아무도 듣지 않은 것처럼
> 살라
> 오늘이 마지막 날인 것처럼.

무엇보다 행복은 찾지 않아도 우리에게 발견되기도 한다는 사실이다. 감사하는 마음으로 시간을 엮는다면.

당신을 기다리는 시간

- 영화 '당신을 기다리는 시간'을 보고

기다림은 무한한 사랑이다. 신뢰다. 오지 않으리라는 생각은 꿈에도 갖지 않는 희망이다. 설령 살아있음의 끝자락까지 기별이 없어도 그것은 희망일 수밖에 없다. 그것이 무망의 세월이라면 한 순간도 살기 어려우리라.

영화는 조각상의 발에 여인이 입술을 대는 것으로 시작하여 빠르게 지나가는 공항의 풍경이며 연이어 시칠리아의 고요한 저택, 적막만이 감도는 곳에 살고 있는 안나(줄리엣 비노쉬)에게 아들 쥬세페의 여자 친구 잔이 찾아오는 것으로 문을 연다. 그러나 잔을 초대한 쥬세페는 여기에 없다. 부활절이면 돌아오리라 하지만 막연한 두려움과 불안을 떨쳐내지 못한다. 그들은 부재의 공간을 공유하지만 안나의 가슴은 상실의 아픔이며 그것을 부인하고 싶은 기다림이다. 어디에도 쥬세페의 사고는 언급되고 있지 않다. 안나의 입을 통해 단지 '그는 이곳에 없다'는 말만 잔에게 전해줄 뿐이다.

그에 반해 잔은 남자친구의 초대를 받고 왔으니 의당 정원을 푸르게 뛰어나와 맞아 주리라 생각하며 들른 집인데 무덤덤한 전갈만이 기다리고 있음에 당황할 수밖에 없다. 쥬세페의 부재의 이유는 무엇일까, 권태로움일까 어디로 간 것일까. 상상할 수 있는 모두를 끌어와 생각을 모으지만 아무것도 캐낼 수 없어 날이 밝으면 일어나 가장 먼저 안나의 눈치를 살피지만 동요하지 않는 그녀의 표정에서 무엇 하나 기대할 수가 없다.

'지금 너의 집이야 불러놓고 어디로 간 거야.' 소리 없는 통곡을 한다. 그런 잔의 표정을 살피면서도 차마 꺼내지 못하는 아들의 부재를 안나는 외면한 채 잔과 일상을 엮어 나간다. 나누는 눈길은 서로 다르다. 잔의 눈 속에서 그는 내 아들을 얼마나 사랑할까를 읽어내려고 한다. 진정 내 곁에서 쥬세페를 기다려 줄 수 있을까.

어느 날 디너파티에서 동네 청년과 즐겁게 춤을 추는 잔을 바라보는 안나의 눈길은 모두를 던져 버린 실망과 절망의 어우러짐이다. 언젠가 너도 내 아들을 잊고 훌훌 떠나 네 삶을 살겠구나, 여태까지의 연대감은 사라지려 한다. 그것을 간파한 잔은 춤을 멈추고… 그들은 묘한 눈빛을 교환한다. 전율이었다.

내게도 질기게 끌고 온 기다림이 있었다. 누군들 잃어버린 사랑이 어찌 없으랴. 미안하다는 말 한마디만 던져두고 병약한 나를 두고 간 그는 종무소식이었다. 그리고 서울의 어느 모퉁이에서 10여년 만에 기적처럼 만난 그가 던진 한마디는 "너, 살아 있었니?"였다. 가 버린 이유도 지금의 상황도 나눌 필요는 없었다. 서로를 바라보는 것으로 족한 우린 젊은 날의 푸르고 싱싱했던 날을 커피 한 잔에 묻었다. 건강하라는 말 한마디가 전부였다. 생각해 보면 그 사람에 대한 그리움은 비린내 나는 고향 바다와 돈키호테 같은 만용으로 뭉쳐졌던 철없던 날에 대한 그리움이었다. 그의 얼굴에서 나의 모습을 찾고자 했지만 거기엔 아무것도 없었다. 그가 지내온 세월만이 고랑으로 남아 있었다. 그러나 나는 또다시 그에게서 푸르렀던 날들을 찾고 싶어 천 년의 우연 같은 해후를 기다렸다. 다시 보리라. 그리고 잊었던 날들을 찾아보리라.

그리고는 다시 20여 년이 흘렀다. 눈이 내리는 겨울, 조심스레 그를 찾아 이리저리 뒤지다 그들의 대학 카페에 들어갔을 때 그 해의 졸업생들의 명단을 네모 속에 가두어 두었고 네모 위에는 붉은 색깔로 씌어 있는 사람은 이미 이 세상 사람이 아니라고 적혀 있었다. 그의 이름이 빨강이라니. 이리 보고 저리 보아도 진한 붉은 색이었다. 그리고 그의 개인 페이지에는 올망졸망 아이 셋과 그의 아내일 성싶은 여인, 그리고 그가 아주 무심히 흑백의 모습으로 나를 바라보고 있었다. 지금이라도 당장 사진첩에서 뛰어나와 '너 살아 있었니?'라고 말할 것 같은데 나의 이야기를 들을 수밖에 없는 그는 널브러진 채 하나씩 잃어가듯 눈앞에서 사라졌다. 붉은 이름은 잘못된 것이라고 말해 주기를 채근했지만 빈 바람이 모니터를 스칠 뿐이었다.

슬픔과 절망, 그리고 체념을 익히면서도 아들의 부재를 인정하고 싶지 않은 안나는 아들에게 전화를 건다. "네가 너무 보고 싶다. 언제까지 기다려야 해?" 전화는 아들의 방에서 울리고 그걸 듣게 된 잔은 그때서야 상황을 깨닫게 된다. 사고를 당한 아들의 전화는 주인을 떠나보내고 그 방에서 울고 있었다.

잔은 기다림을 내려놓고 돌아갈 준비를 한다. 쥬세페의 어머니와 잔의 포옹은 어떤 말들을 그들의 가슴에 묻었을까. 그러나 그들은 분명 기다릴 것이다. 기다림이 없다면 내일이 없는 삶이 될 수밖에 없기에 그들은 기다림을 익힐 것이다.

내가 붉은 글씨로 써진 그의 이름을 도저히 인정할 수 없듯 시칠리아의 아름다운 풍광 위에 그들은 기다림을 수놓을 것이다. 기다림은 허망한 이들의 영원한 버팀목이기 때문이다.

챔버 오케스트라와 반도네온

- 이무지치와 파사렐라의 공연을 보고

밤바람이 서늘했다. 그들의 내한은 언제나 가슴 떨리게 한다. 열두 명이 모두 뛰어난 솔리스트 같으면서도 어우러져 내는 소리는 지나치게 완벽하다. 자유자재인 기교까지도 가슴 섬뜩하다. 그들의 손에서 소리를 내는 악기까지도 명기다.

명문의 악기들을 한밤에 다 듣고 가슴에 심고 다시 뱉어 즐기기에도 밤은 짧다. 그들은 바로 이무지치I MUSICI 챔버 오케스트라다. '음악가들'이라는 단순하고도 평범한 이름을 붙인 이 실내악단은 64년의 역사를 자랑하고 있다. 물론 긴 역사 동안 단원들의 들고 남이 어찌 없으랴. 그러나 창단 멤버들이 비운 자리엔 재능 있는 연주자들이 자리를 채우고 원년 단원의 자손들까지 대를 이어가면서 오케스트라의 전통과 역사를 면면히 이어가고 있다.

올해 그들이 내세운 것은 「여덟 개의 계절The 8 seasons」이었다. 아마 피아졸라의 「부에노스아이레스의 사계」와 비발디의 「사계」를 뜻함이리라. 비발디로부터 이어진 이탈리아의 음악을 대서양 넘어 탱고의 발상지인 남미까지 끌고 가려는 그들의 열망을 읽을 수 있었다.

피아졸라의 '푸가'는 그의 탱고의 열정을 그대로 담고 있었다. 바이올린, 비올라, 콘트라베이스, 하프시코드의 명기들이 쏟아내는 소리들이 얼마나 눈부신가를 보여주는 것이었다. 강한 울림에서 마음을 빼앗고 느리고 약한 소리에서 온몸에 소름이 돋아나게 했다. 현을 흔들고 현을 켜고 현을 뜯는 그들의 손놀림에 이미 가슴엔 쏴아 하는 물소리가 나고 있었다. 탱고가 아닌 클래식으로서의 탄생을 힘 있게 그리고 느림을 통해 끝없는 침잠까지도 선사해 주었다. 또한 「부에노스아이레스의 사계」는 피아졸라를 그대로 느낄 수 있는 탱고의 음률에 우아함을 얹었다. 탱고와 재즈와 현대음악이 아우러지는 흥분과 환희의 순간을 만끽하게 했다.

더구나 반도네온의 대가 파사렐라의 협연은 어디서도 볼 수 없는 환상적인 하모니였다. 피아졸라의 사계는 태양이 지글거리는 여름부터 시작하여 낙엽 구르는 소리가 들리는 애수의 가을, 설경 속에 쏟아지던 반짝이는 겨울 햇살, 생동하는 봄으로 이어지던 오케스트라와 반도네온의 넘치는 충동감으로 새로운 사계가 펼쳐졌다. 파사렐라는 클래식을 탱고로, 탱고를 격조 높은 클래식으로 바꾸어놓고 있었다. 그의 몸 전체가 반도네온이라는 악기였다. 또한 그가 작곡한 '반도네온, 현악오케스트라와 피아노를 위한 라쁠라따 모음곡'의 연주는 리드미컬하게 이어나가는 테마에 첼로와 비올라의 흐느낌까지도 들려오는 듯했다. 음악이 주는 황홀함을 맛보는 순간이었다.

마지막 순서는 그들의 최고의 연주, 비발디의 「사계」였다. 베네치아의 빨강머리 신부님 비발디가 1725년에 작곡한 바이올린 협주곡으로 처음엔 사계절이 따로 연주되었지만 1925년 이무지치에 의해 모음곡으로 묶여 '비발디의 사계'가 된 작품이다.

화사한 봄이다. 경쾌한 합주에 새소리를 얹어 냇물은 도란도란 흘러가며 눈부신 태양 아래 목동들은 산야가 들려주는 피리소리에 경쾌한 춤을 추는 듯하다.

폭풍과 바람소리가 거친 숨소리처럼 들리는 여름은 바이올린의 격정적인 연주로 절정을 이루며 격렬함과 어쩌면 잔인한 날씨까지도 드러내고 있었다. 뜨거웠던 태양도 화해하듯 가라앉고 가을이 왔다. 여태까지와는 달리 즐거운 축제분위기로 이어지고 마지막에는 사냥꾼에게 쫓기는 동물들도 긴박감으로 울부짖다 조용히 사위어가고 있었다. 짧게 시작하는 겨울 부분은 차고 날카롭기까지 했다. 봄을 기다리는 마음으로 얼음 위를 조심스레 걷는다. 곧 봄이 오리라는 희망이 숨죽인 듯 솟아난다. 비발디는 협주곡의 이해를 돕기 위함인지 해당 계절을 묘사하는 소네트가 붙어 있어 더욱 쉽게 선율 속에 잠입하게 한다. 더구나 비발디 자신이 작곡가 이전에 뛰어난 바이올리니스트였기 때문인지 그의 현악들은 현란하고 탄탄하다.

더구나 그것을 연주하는 이무지치는 다양한 색깔과 무늬로 청중을 현혹시켰다. 너무 완벽해 그들의 흠이 어디에 있을까를 찾고 싶은 묘한 충동이 꿈틀거리기도 했다. 그들의 음악에 대한 해석, 그리고는 클래식의 범주를 넘어 탱고의 지역에까지 그들을 심으려는 열정이 64년을 그대로 이끌고 와 세계 정상의 실내악단이 된 것이 아닐까.

넓은 초원에서 새롭게 탱고를 추는 그들과 너울너울 날아오는 음률에 마음 뺏기지 않을 강심장의 사람도 있을까. 마음은 출렁이고 새로운 세계를 마음밭에 심을 것이다. 반도네온을 신나게 연주하는 파사렐라는 거기에 박자를 맞추고 마치 반도네온과 어쿠스틱 기타를 같이 연주하듯 흘러내리는 서민적이며 우아한 그 흐름을 무엇에 비유할까. 이런 것이 음악이 주는 자양분이라고 할 것이다.

그 저녁 내 키는 얼마나 자랐을까. 그리고 그리움의 깊이는 얼마나 깊어졌을까. 이러한 것들이 내 저장고에서 숙성되는 날 다시 끄집어내어 펼쳐 보리라.

5.

남평역, 그리움의 자리

바람 같이 살다 간 아버지의 유산처럼
그렇게 서 있는 남평역을 뒤로하고
돌아서왔다. 그건 바로 아버지의 모습이었다.

· 군산항의 품
· 고창의 향기
· 남평역, 그리움의 자락
· 선재길 가다
· 동대구역을 마음 갈피에
· 서른 즈음에
· 시간을 거꾸로 돌리며
· 풀등, 숨어 사는 섬
· 공존의 길

군산항의 품

아들이 군산으로 내려가던 날은 눈이 흐벅지게 내리던 겨울이었다. 근무하던 회사가 서울의 사옥을 정리하고 군산의 군장단지로 이사했기 때문이었다.

낯선 땅, 조촐한 살림을 싣고 타이어조차 눈에서 빠져나오지 못하던 그 길을 찬 가슴으로 내려간 아들은 이제 군산 사람이 되었다. 군산의 역사를 익히는 아들이 되었다. 나도 사계절을 군산에서 가장 먼저 만난다. 어설픈 아들의 손이 꾸리는 생활이 대견함보다 마음을 저리게 하여 가끔 들르며 그곳을 익힌다. 그리고 군산토박이인 듯 살아가는 아들에게 박수를 보낸다.

아들 때문일까. 문학기행으로 가게 된 군산은 다른 곳보다 살갑게 다가왔다.

버스가 가장 먼저 선 곳은 금강 하구의 철새 도래지였다. 겨울이면 머리꼭지에 초록의 반짝임이 두드러진 청둥오리의 수컷이 팜프파탈 여인을 흉내 내며 암컷을 데리고 으스대며 헤엄치는 곳, 먹이를 찾아 비상하는 가창오리의 모습에서 자유와 평화를 볼 수 있는 곳이다. 해마다 겨울이 문 앞에 오면 철새를 카메라에 담기 위해 들르는 곳이기에 언제 와도 그들이 반기고 있는 것만 같다.

다음으로 들른 곳이 채만식문학관이었다. 47세의 생애가 결코 평탄하진 못했으나 반어적이고 풍자적인 언어로 시대를 반영했던 작가의 문학이 고스란히 담겨 있는 곳이다. 오르는 한 계단 한 계단마다 그의 생애가 새겨져 있어 글에 대한 그의 열정을 엿본다.

마포 한 필 줄을 매어
들꽃 상여 끌어주오.

— 채만식, 「나 가거든」

그의 소박함을 엿볼 수 있는 비문이기도 하다. 그가 태어난 임피마을에 가면 일제 강점기에 미곡을 실어 나르던 기차는 유품이 되어 덩그러니 서 있고 임피역은 문화유산으로 오는 객을 맞이한다.

군산엔 역사와 문화유산이 여기저기 흩어져 있다. 군산근대역사박물관에는 수탈의 역사와 옛날의 생활모습과 많은 사람들이 이용하던 가게들이 옛 모습 그대로 남아있어 거꾸로 가는 시간

여행을 할 수도 있다. 아픈 역사도 흘러간 과거도 새로운 창조의 밑거름으로 우리에게 온다. 바로 부근엔 일제 강점기의 세관이 빨간 벽돌집으로 그대로 남아 있어 일본인들이 얼마나 많이 왕래를 했던가를 보여주고, 들어가 보면 압수된 물건들이 진열되어 있다. 세관 반대편에 남아 있는 부잔교는 조수간만의 차가 심해 배들이 부두에 정박할 수 없자 수위에 따라 높이를 조절하여 물에 뜨도록 하여 호남곡창의 쌀을 일본으로 실어간 아픈 역사의 현장이다. 1934년에는 200만 석이 넘는 쌀이 나갔다고 한다. 부잔교를 보면서 그들의 정교한 기술에 놀랄 수밖에 없다. 아픈 역사는 가슴에 품지만 그들의 장점은 각성의 씨앗으로 삼아야 할 것 같다.

군산엔 일본인들의 흔적이 많이 남아 있다. 오래전 경암마을에 갔을 때 희끗한 할아버진 공산품이며 곡식들을 기차로 운반하여 배로 실어간 흔적들이라고 경암동 철길마을을 소개하기도 했다. 지금은 기찻길 옆 오막살이들이 줄지어 있을 뿐이다.

일본인 가옥이 남아 있는 것도 군산의 한 면모이다. 포목점과 농장을 경영하던 히로쓰라는 일본인의 이층집이 그대로 남아 있다. 일본의 가옥 구조와 정원의 생김새를 충분히 엿볼 수 있는데 쓸모 있고 오밀조밀하게 만든 구조는 실질적이고 절약하는 일본인을 느끼게도 해 준다. 히로쓰 가옥 바로 곁에는 동국사라는 우리나라에 유일하게 남아 있는 일본식 사찰이 있다. 우리나라 개화기와 근현대사의 역사를 증명하는 건축물이자 식민지의 아픔을 확인할 수 있는 교육 자료이기도 하다. 안으로 들어가면 항일승려와 친일승려의 사진이 있는 것도 특이하다. 항일승려의 사진에서 반가운 얼굴 한용운 시인도 만날 수 있다.

뭍에서 돌아다니다 바다가 그리워질 무렵 비응항으로 갔다. 거기서 월명유람선을 타고 고군산 열도를 한눈에 담아온 두 시간 동안의 바다 일정은 가슴에 푸름을, 빛을 심은 시간이기도 했다. 바다 냄새가 오래오래 따라오고 있었다.

바다를 안고 군산의 자존심인 새만금방조제로 달렸다. 잘 닦여진 도로는 희망으로 가는 길이었다. 군산시 비응도동에서 전북 부안군 대항리까지 33.9㎞의 방조제가 새로운 모습으로 탈바꿈하여 꿈을 실현하기를 간절히 빌었다. 군산의 염원이리라.

전북의 곡창지대를 끼고 있는 항구 도시 군산, 우리의 아픈 역사도 미래의 희망도 함께 안은 도시. 새만금 위에 우뚝 설 신선한 군산을 기대해 본다.

고창의 향기

뿌리던 비는 안개만 남겨 두고 차츰 거두어지고 있었다. 신선한 초여름 바람이 고창으로 달리는 버스를 스치고 지나갔다. 그리고 세 시간을 조금 더 지나서야 버스는 설레는 마음들을 고창에 부려놓았다.

처음 도착한 곳은 고창읍성, 낙안읍성, 해미읍성과 함께 우리나라 3대 읍성이다. 방장산 아래 전라도민이 왜침을 막기 위해 만든 성으로 돌을 끼워 만든 정교함이 자연석 위에서 그 빛을 발하고 있었다. 고을이름과 축성연대가 계유년이라는 기록이 있으나 정확한 것은 남아 있지 않으니 단지 조선시대에 전라도민의 역사로 이루어졌음을 짐작할 뿐이었다.

고창읍성의 특이한 점은 읍성 입구에 답성놀이를 하는 여인상이 있는 것이었다. 여인들이 무거운 돌을 이고 지신밟기를 하듯 성을 도는 행사가 지금도 그대로 남아 해마다 음력 9월 9일 중양절을 전후하여 이루어지고 있단다. 무거운 돌을 이고 돌게 한 것은 땅을 더 튼튼하게 다지기 위한 것이 아닐까 싶다. 그러기 위해 한 바퀴 돌면 다릿병이 낫고 두 바퀴 돌면 무병장수하며 세 바퀴 돌면 극락 승천한다는 전설이 그대로 남아 있으니 그때의 여인들도 앞 다투어 돌지 않았을까. 남정네들이 쌓은 성을 여인들은 돌을 이고 다지고 다진 셈이었다. 답성놀이의 재현은 관광객들에게 보는 즐거움을 선사하는 고창의 행사였다.

고창읍성에서 보이는 덴마크 주택을 닮은 귀농마을이 그림처럼 아름다웠다. 고창의 갯벌은 2010년 람사르 습지로 지정되었고 고창군 전역이 유네스코 생물권 보전지역으로 등재된 자연 생태계의 보고이니 귀농 귀촌한 사람들에게도 한 줄기 빛이 되리라 생각한다. 그런 연유로 그들의 행렬은 조금씩 늘어나고 있는 것일

까. 그들의 열정과 도전이 알찬 내일을 약속하리라. 뭍에서 바다에서 울려 퍼질 노랫가락이 풍요로움으로 울려 퍼지길 소망한다.

고창이라고 하면 어찌 문학을 외면할 수 있겠는가. 미당시문학관은 우리나라 현대시의 거목이었던 서정주 시인의 기념관과 생가가 자리하고 있는 곳이다. 친일 행적으로 선생의 작품까지도 폄하되기도 하나 절절한 그의 시정을 어찌 소홀히 여길 수 있을까. 문학관도 폐교된 선운초등학교 봉암분교를 단장하여 문을 열었으니 찾아오는 이들에게 또 하나의 추억을 더해 준다고 해야 할 것 같았다. 그의 유품과 생전의 모습 등이 전시된 방에서 그리운 사람이 생각나면 읊는 미당 시인의 시를 조그만 소리로 읊조렸다.

내 너를 찾아왔다. 순아.
내가 혼자서 鐘路를 걸어가면 사방에서 네가 웃고 오는구나.
새벽닭이 울 때마다 보고 싶었다.
내 부르는 소리 귓가에 들리더냐. 순아
한 번 가면 소식 없는 그 어려운 住所에서
너 무슨 무지개로 내려왔느냐.

– 서정주, 「復活」 중에서

생가는 적막으로 외로워 보였다. 잠깐 머물다 그 아래 친아우인 서정태 선생님이 기거하는 초가로 가서 선생님과 꽤 긴 시간 담소했다. 해당화꽃잎이 맛과 향이 좋으니 한 입 넣으라고

하시기에 잎 하나 따서 입에 넣는데 눈물이 핑 돌았다. 독거노인이라고 자칭 말하는 선생님을 뒤로하고 나오는데 두 분의 배웅을 받는 듯해 뭉클함으로 온몸이 더워왔다.

발길을 돌려 선운사를 찾았다. 해마다 동백의 계절이거나 꽃무릇이 피면 어김없이 들르는 사찰이다. 또한 선운사는 보물과 천연기념물 전북 유형문화재를 골고루 갖춘 큰 절로서 조선 태종 때 사찰 폐쇄령에도 국태민안의 기원을 위해 보존된 절이기도 하니 기도객들의 발길이 끊어지지 않음도 그 연유이리라.

그러나 이번에 유심히 보았던 일주문 앞의 선운산가비禪雲山歌碑는 백제 때 이곳 장사사람長沙人이 나랏일에 불려나가 만기가 지나도 돌아오지 않자 아내가 남편을 사모하여 선운산에 올라 남편이 떠나간 곳을 향해 부른 노래라 하니 애초의 자리에 그대로 남아 있는 백제의 노래비를 볼 수 있음은 큰 감동이었다.

고창은 사람의 냄새가 나는 곳이었다. 역사가 그러했고 자연생태계가 사람을 숨 쉬게 했으며 그 숨결 따라 돌아오는 귀농귀촌의 행렬이 그러했고 시인의 여운으로 문향에 취하게 함이 선비의 격이었다. 백제의 구성진 노래까지도 시비로 들은 셈이니 더 말하여 무엇 하리. 그뿐인가, 도착해서 점심으로 먹었던 백합이며 바지락과 복분자술은 이 고장 사람들의 살가운 마음씨였다. 고창의 향기가 선운사의 작설차에 녹은 늦봄이었다.

남평역, 그리움의 자락

바람이 불었다. 쌓인 낙엽을 밟듯 가슴 언저리에서 바스락거리는 소리가 들렸다. 며칠을 속앓이 하듯 끙끙거리며 나를 부르는 휘파람소리에 귀를 세웠다. 바로 간이역이었다. 열차를 타고 지나가던 간이역들이 눈앞에서 어른거렸다. 마음은 벌써 어느 지점쯤에서 팔을 벌렸다.

왜 하필이면 적막한 밤에 간이역이 생각났을까. 기다림이었다. 왜가리 목 같은 기다림이 간이역엔 언제나 도사리고 있음을 볼 수 있기 때문이었다. 하루에 서너 번씩 기차가 선심 쓰듯 들르면 잊었던 얼굴이, 떠나갔던 사람이 훌쩍 돌아올 것 같기에 가슴 설레는 기다림의 시간들이 질펀히 널려 있다. 만남의 뜨거운 포옹을 꿈꾸며.

그러나 간이역은 마을 사람들이 설운 가슴 안고 떠나가 버려

한적한 곳이 대부분이다. 떠나간 자리엔 사람의 입김만 무더기처럼 남아 있을 뿐 기차도 경중 뛰어 달아나기 일쑤다. 머물러 쉬어 갈 이유를 잃어가고 있기 때문이다. 간이역을 마음에 담고 추억으로 간직하기보다 그것이 어느 정도의 효용이 있느냐 하는 것이 우선 되는 시대이니 탓할 수가 없다. 하나씩 자취를 감추거나 언제까지라는 시한을 지니고 서 있을 뿐이다. 기차가 지나가버리지만 그래도 원형이 보존되어 찾아갈 수 있는 역이 있는 것만도 다행이라 하겠다.

사막에 잠깐 나타난 신기루처럼 밤새 없어질 것 같은 조바심이 새벽기차를 타게 했다. 어릴 적 아버지께 들었던 '남평'이라고 하는 곳이 생각나 이름 그대로인 간이역, '남평역'을 찾아가기로 하고 전남 광주 송정으로 가는 열차표를 모니터에서 구했다.

남평역. 아버지는 어린 나에게 늘 얘기하셨다. 문씨는 크게

본이 하나이니 곧 남평 문씨라고 했다. 지금은 소소하게 본이 여럿 있다는 얘기는 들었지만 정확히는 알 수가 없다. 이래저래 호기심 반, 널브러진 몸을 추스를 겸 나선 길이었다. 혼자는 아니다 친구처럼 동행하는 카메라가 오늘은 연인처럼 고와 보인다. 묵직한 무게가 든든함으로 온다.

송정역에서 택시를 타기로 했다. 하루를 보내리라. 광주시에서 나주로 가는 것이니 경계선을 넘어선다고 걱정하는 기사 아저씨를 설득해서 나선 길이었다.

도착한 남평역. 어느 간이역이나 마찬가지지만 을씨년스럽고 고즈넉했다. 곽재구 시인의 「사평역에서」가 들어서는 나를 반겼다. 사평역은 사실은 거기가 아니라고 하지만 영화촬영지가 되었던 곳이라 그렇게 그 시의 배경으로 삼은 이곳을 옛 사평역으로 부르고 있는 것 같았다. 쓸쓸히 서 있는 표지판이 금방 한 자락 소낙비라도 불러올 것 같았다.

훌훌 옷 벗어 버린 은행나무가 앙상하게 역사驛舍를 지키고 있는 곁에 '티월드 갤러리'라고 표지가 있어 역사를 찻집으로 바꾼 것일까 생각하며 돌아보아도 모두가 잠겨 있었다. 그때였다. 문을 열고 들어가는 이가 있어 차를 마실 수 있느냐고 물었더니 흔쾌히 들어오라고 했다. 정리되지는 않았지만 여러 차의 종류들이 줄을 서 있었다. 뽀얀 먼지가 사람의 손을 탄 지가 꽤 되었음직도 한데 석유난로를 피우고 자리를 권하기에 오래 기다릴 것 같아 택시 기사도 아예 함께했다. 민들레뿌리차라고 건네주는 찻잔은 정감으로 따뜻했다. 남평역에 얽힌 이야기며 그 부근의 가 볼만한 곳들

을 기사 아저씨에게 설명하며 꼭 안내하란다. 이곳을 찾은 타지의 사람에 대한 의무라고 하며 곁들여. 남평 문씨라는 말에 문씨의 지석비가 있는 곳까지도 안내하라고 휴대전화에 저장되어 있는 걸 찾아서는 설명이 꽤 길다. 기사 아저씨는 어디에 홀린 듯 "네, 네." 연신 대답하고 있었다.

남평역은 1930년에 문을 열어 영욕의 세월을 보내고 이젠 기념비처럼 찾아오는 사람을 맞고 보낼 뿐이다. 내리는 사람도 마중 나오는 사람도 그림자 찾기가 힘들어지자 여기를 스치고 지나갈 뿐 머물러 주는 객차 한 량도 없어진 지 오래다.

곽재구 시인의 시를 읊는다. 설움 같은 게 꿈틀거린다.

자정 넘으면
낯설음도 뼈아픔도 다 설원인데
단풍잎 같은 몇 잎의 차창을 달고
밤 열차는 또 어디로 흘러가는지
그리웠던 순간들을 호명하며 나는
한 줌 톱밥의 불꽃을 불빛 속에 던져주었다.

— 곽재구, 「사평역에서」

그들을 모두 앵글 속으로 불러들였다. 내 품속에서 그들은 따뜻할까.

더할 수 없는 감동이었다. 사라져가는 역사에서 이야기를 나눌 사람을 만났다는 것은 행운이며 따뜻한 차를 얻어 마실 수 있었다는 것은 그리움의 반을 채워준 것은 아닐까 싶었다.

그건 이 세상과 결별한 지 너무나 아득한 아버지가 내게 들려준 '남평'이라고 하는 곳에 대한 그리움이었다. 바람 같이 살다 간 아버지의 유산처럼 그렇게 서 있는 남평역을 뒤로하고 돌아서왔다. 그건 바로 아버지의 모습이었다.

선재길 가다

전나무가 소리 내어 울고 있었다. 바람이 전해준 이야기들을 내게 들려주려나 보다. '월정대가람月精大伽藍'이라는 현판이 나를 반긴다. 월정사에서 상원사까지 9.8㎞란다. 오대천을 끼고 따라오는 바람과 물속에 까무러지는 구름이며 햇살을 동행으로 삼는다. '선재의 길'이라는 작은 표지들이 군데군데 등대처럼 서 있다.

'화엄경'의 선재동자가 구도의 길에서 깨달았던 것은 바로 힐

링이며 치유였으리라. 그 이름을 따서 이 산책길 이름조차 '선재의 길'이다. 내가 이 길을 떠올리게 된 것은 마음 속 세간살이를 정리하고 싶어서였다. 그 속 칸칸마다 쌓인 게 너무 많아 무거워 견딜 수가 없었다. 구도의 길을 가보리라. 설령 아무것도 이루지 못한다 하더라도.

월정사에 도착했을 때는 점심공양 시간이라 염치없이 한 그릇을 비웠다. 돌아서 나오니 국보인 팔각구층석탑에 노란 리본들이 팔랑이고 있었다. 세월호에서 생을 마감한 사람들을 그리워하는 마음들이 나비가 되어 날갯짓을 하고 있었다.

그 마음 담아 같이 떠난다. 숲이었다. 숲길을 따라가면 바로 소리 내어 우는 오대천의 자갈과 바윗길이 나온다. 물소리가 청량하다. 다시 숲길로 들어선다. 눈으로 나무를 센다. 밤이면 빛을 낼 것 같은 야광나무며 다릅나무, 고로쇠나무, 까치박달나무, 엄나무가 잠깐씩 내려와 주는 햇살에 잎새를 반짝인다. 그리고 거제수나무! 자작나무보다 더 너덜너덜 옷을 벗었다. 나를 대신해서일까. 마음 내려놓고 떠나간 구도자를 닮은 것일까. 숙연해져 다시 냇가로 나오니 커다란 징검다리가 앞을 가로막는다. 걸어오는 동안 인적 하나 없었다. 건널 수가 없었다. 다리를 벌려보니 역부족이었다. 징검다리만 건널 수 있다면 도적이라도 한 사람 나타나면 어떠랴. 그때 나타난 거구의 남자. 길을 잘못 들어 징검다리에서부터 다시 걷기 위해 온 것이란다.

깨달음, 치유의
천년 옛길!
오대산
선재길

손을 잡아 주었다. 구세주 같았다. 놓칠까봐 숲길과 징검다리를 번갈아가며 숨을 죽이고 따라 걸었다. 한참을 가니 평평한 숲길이 아지랑이처럼 뻗어 있었다. 이제 살았구나. 그 생각과 또 한편으로는 구세주 같은 이 사람이 정작 도적일지도 모른다는 생각이 들었다. 왜 돌아왔다는 걸까. 갑자기 무서운 생각이 들어 쉬었다 가겠다며 먼저 보내고 말았다. 이 정도의 길이라면 혼자라도 괜찮으리.

그러나 숲길은 오르락내리락 하고 귀를 씻는 물소리 위에 놓인 징검다리며 자갈길이 도적 같은 사람을 보낸 것조차 후회하게 했다. 적막과 무섬증이 그래도 상원사 팻말 앞까지 나를 데리고 갔다. 선재길의 끝이다. 그 사람은 이미 도착하여 바위에 앉아 휘파람 불며 휴대전화를 만지작거리고 있었다. 그는 나를 모른 체했다. 나 혼자만 그를 구세주로 도적으로 올렸다 내렸다 하고 있었다.

구도의 길, 선재의 길에서 나는 무엇을 갈무리할 수 있었을까. 요원한 구도의 길. 선재길이 구름까지 뻗어 있기를 그러면 밧줄 잡고 마음의 세간 버리며 오를 수 있으려나. 하늘을 본다.

동대구역을 마음 갈피에

'동대구역, 나는 지프차로 갈게, 네가 도착하는 시간 맞추어서.'

부산에서 날아온 친구의 메시지에 지체 없이 답신을 보냈다. '안개 가르는 첫차야, 7시 30분쯤 도착 예정.' 서울역을 떠나면서 보낸 답신이었다.

연휴에 우리도 한 번 떠나보자고 손을 내민 친구에게 화답을 보낸 것은 하루 전이었다. 우리는 유영을 하다 도킹한 우주인처럼 그렇게 만났다. 태양이 부끄러이 사방에 빛을 뿌리기 시작하는 아침 1박 2일의 여정을 할애했다.

친구의 계획과는 아랑곳없이 '무량수전'이라고 뜬금없이 말을 하고 말았다. 친구는 먼 거리라 잠깐 당황한 듯했으나 더 이상 말없이 차를 부릉거렸다.

볼수록 가슴 벅찬 영주 부석사, 간결하고 꾸밈이 없는 여인

같은 모습의 무량수전, 그 배흘림기둥. 올 때마다 고맙고 그윽한 정감으로 온다. 선선히 응해준 친구의 마음이 따뜻하다. 영주가 고향인 지인에게 전화를 한 후 건져낸 먹거리는 '묵밥'이었다. 40분을 기다려서 허기를 채우고는 그래도 허전하여 주차장 한 귀퉁이에 난장을 벌이듯 자리를 깔고 커피를 내렸다. 내가 좋아하리라 생각하며 바로 엊그제 볶았다는 케냐 AA. 핸드 드립의 연한 커피는 살가운 친구의 마음이 되어 내 폐부를 적시며 내려가고 있었다. 친구의 모자 위에 오후가 그늘을 드리우자 다시 길을 떠났다.

친구의 계획대로 팔공산으로 향했다. '아름다운 길'의 순례를 위해. 아니 꽃이 참담하게 져 버린 후에 펼쳐진 초록세상을 가슴 빈자리에 채우기 위해. 이러기 위해 우린 두 손을 부딪치며 서울에서 그리고 부산에서 달려온 것이었다. 길 위에 오르면 하나가 된 동행이다. 같은 순간에 입 벌리고 웃을 수 있는 감성과 우리가 누볐던 나라들에 대한 회억과 눈부신 햇살, 평온한 풍경에 쏟아내는 숨찬 감탄, 작은 일에도 감격하는 살가움이 우리가 공유한 자산이다.

이러한 내 사유의 오솔길을 헤치며 차는 '아름다운 길'을 달려 '한티 순교자 성지'에 도착했다. 순교자들이 살았던 곳이며 처형당한 곳이기도 하고 37기의 유해가 묻혀 있는, 성지의 세 가지 조건을 갖춘 유일한 곳이다. 들어서니 자작나무들이 허연 가슴

으로 우리를 반겼다. 아침마다 새벽미사로 하루를 여는 나에 대한 친구의 배려였다. 북구에서 자작나무의 희나리로 불을 지필 때 보았던 송골송골 맺히던 물방울. 가슴앓이하듯 타닥타닥 소리를 내던 그 물방울 같은 방울이 가슴을 타고 내려갔다.

다음날도 팔공산의 푸름을 맘껏 마셨다. 제2석굴암이라는 군위의 삼존석불이며 울창한 숲, 흐르는 물소리가 속계를 벗어난 듯한 파계사把溪寺에서는 영조 임금나무라는 250년 된 느티나무를 만났다. 실타래처럼 얽힌 설화를 뒤로하고 꼬불거리는 길을 따라 은해사銀海寺에 도착했다. 자연과 영원으로 가는 수림장 묘역에서 숨을 돌리니 빈손으로 왔다가 빈손으로 가는 게 인생인 걸 어찌 아등바등하며 살고 있나 싶어 얼굴이 붉어지기도 했다. 자연 속에 나는 얼마만큼 미미한 존재인가를 곱씹으며 출발지였던 친구의 고향인 대구로 향했다. 돌아가는 길에 우린

말을 잊었다. 말을 잊기 위해 들어선 게 아니었는데….

어느덧 시내로 들어온 우리는 90계단이라고 이름 지어진 계단 부근에 차를 세우고 오르기 시작했다. 오르니 동산, 청라언덕이란다. 담쟁이 넝쿨에 덮여 있는 세 채의 선교사의 집은 지금은 박물관으로 쓰이고 있었고 언덕엔 노래비가 있었다.

봄의 교향악이 울려 퍼지는
청라언덕 위에 백합 필 적에
나는 흰 나리꽃 향내 맡으며
너를 위해 노래, 노래 부른다
청라언덕과 같은 내 맘에 백합 같은 내 동무야
네가 내게서 피어날 적에 모든 슬픔이 사라진다.
- 이은상 작사, 박태준 작곡 「동무생각」

친구는 이미 흥얼거리고 있었다. 곁에 있어도 그리운 우리다. 그가 다니던 유치원이 있던 계산성당이 눈 아래에 있다. 고향을

떠나 어머니와 단출히 부산으로 이사 온 친구는 중학교 때 나와 첫 만남을 가졌다. 우린 6년을 같은 교문을 드나들었다. 감회에 젖은 친구를 본다. 나도 기억의 바다를 건넌다. 친구 어머니는 중학교에 갓 입학한 우리에게 집에서 공부하기 어려운 사정을 감안하여 놀이터 같은 방을 얻어 주셨다. 무엇을 하고 놀았을까는 기억할 수 없지만 글을 쓰는 것만이 외로움 속에서도 위안일 수 있음을 차츰 익혀 갔던 것 같다. 그도 나도 피할 수 없는 글쟁이가 되고 만 걸 보면.

팔공산을 누비며 자연의 위대함 속에 몸을 맡기고 고향의 언덕에서 감격으로 목메어하는 친구의 얼굴을 본다. 석양에 비친 얼굴이 더없이 곱다. 이번 나들이는 질곡의 세월 속에서도 쉬지 않고 걸어온 발자국이 헛된 것이 아니었음을 새기는 시간이었다. 그러기에 그 시간들을 갈무리하며 다시 펴볼 날을 고대한다.

서른 즈음에

- 대구 방천시장 김광석 그리기 길에서

머물러 있는
청춘인 줄 알았는데
비어가는 내 가슴 속엔
더 아무것도 찾을 수 없네.
- 김광석 노래 '서른 즈음에서'

봄이 무르익고 있었다. 수필의 날 행사를 마친 우리는 서늘하게 깃을 펴는 흐린 어둠 속으로 들어갔다. 안내된 곳이 대구 방천시장에 길게 벽화로 된 바로 '김광석 다시 그리기 길'이었다. 김광석이라는 이름을 처음 접한 것은 1988년 내가 또다시 앓기 시작한 때였다. 그는 '동물원'이라는 그룹의 보컬 담당이었고 밝은 듯하나 우수에 젖은 음성으로 CD가 아닌 테이프로 내 책상머리에서 밤을 지키곤 했다. 그러다 그가 다시 혼자 노래를 부르고 2집을 내었을 때 듣게 된 '서른 즈음에'는 오늘까지도 내 노트북에서 흘러내리는 눈물 같은 노래로 내 곁에 있다.

서른이라는 나이 때문이었다. 스물아홉과 서른. 그 경계에서 난 죽음을 생각하기도 했다. 그 나이쯤이면 뭔가는 이루어져 있어야 하며 그 뒤에는 어떤 신선한 일도 일어나지 않을 것 같았다. 스물아홉은 윤이 자르르 흐르는 옥토 위에 벙그러질 준비로 설레고 있지 않으면 다시 맞는 서른에는 무엇을 할 수 있을까. 생각할 수 있는 게 도무지 없었다. 아름답던 스물아홉. 자신의 미래에 대한 불안과 방황 속에서 아무것도 할 수 없었던 내가 기껏 할 수 있었던 일은 남들을 흉내 내듯 결혼을 한 것이었다. 과육이 뚝뚝 떨어지듯 찬란해야 할 나이가 왜 스물아홉이라고 단정 지었는지 알 수가 없다. 그리고는 무망의 세월 앞에 새롭게 서른을 맞았을 때 고향을 등졌다. 고향에 더 머무를 수 있는 상황이었지만 빈손으로 나서는 사람처럼 모두를 버리고 서울로 둥지를 옮겼다. 문학도 버렸다. 사랑하던 사람들과 고향 산천도 눈에서 머리에서 지웠다. 사는 게 덤 같았다. 그래 그런지 서른이라는 나이는 가장 가슴 아픈 나이이기도 했다. 참 묘하게 살고 있는, 살아지는 세월이라는 생각을 떨쳐낼 수가 없었다.

그러다 만나게 된 잉게보르크 바하만의 소설 「삼십 세」는 나를 새롭게 눈뜨게 했다. 오스트리아의 시인이며 철학자인 잉게보르크 바하만의 첫 산문집으로 29세 생일로부터 30세에 이르는 1년 동안 삶에 대한 갈등과 방황을 그린 작품이었다. 이 작품집에는 「삼십 세」와 그 외 여섯 편의 단편으로 그려져 있지만 주인공들의 이야기는 모두 삼십 세와 관련이 있었다. 대시인이었던 그녀도 작품 속의 주인공들처럼 삼십 세에 들어서서는 미래에 대한 불확실성과 갈등으로 그의 시는 침체되고 침묵기로 접어들었다. 그러나 진통을 겪은 그의 언어는 산문집에서 빛을 발하여 많은 사람들을 공감하게 했으며 같이 앓고 있다는 동병상련의 감정까지 끌어내었다. 그리고 이 산문의 끝은 눈부신 태양 속으로 주인공이 걸어 나오며 생기에 넘쳐 닥쳐올 것과 손을 잡는 것으로 마무리되었다. 그 암울했던 일 년의 틀을 깨고 일어선 것이다. 주인공은 말하고 있었다.

'나는 진정 살아 있지 않은가.'

세상의 이치와 논리를 외면하고 살고 있는 사람도 어느덧 서

른 살의 문턱으로 넘어서는 것을 깨닫는 순간 후회든 추억이든 무턱대고 올라오는 언어의 분출을 막을 수 없을 것이다. 그래, 절망과 안타까운 모색 뒤에 맞게 된 한 줄기 눈부신 불빛. 서른은 홍역이었다. 훌쩍 자라게 한 아픔이었다.

'일어서서 걸어라, 그대의 뼈는 결코 부러지지 않았으니.'

용기에 대한 제안이 아니고 무엇이랴. 한 번 더 날아보기를 시도하라는 긍정에의 눈뜸이다. 가슴에서 용솟음치는 생명의 소리를 듣는다.

삼십 세는 그런 나이였다. 생각에 잠기며 김광석의 탯줄 같은 방천시장 길을 걸었다. 그의 어설픈 웃음이, 수줍은 웃음이 꽃처럼 피어난 곳에 서른 즈음이기를 바라는 사람들이 카메라 앵글 속으로 들어가기 위해 줄을 잇고 있었다. 내가 인생의 끝이라고 생각했던 서른 즈음은 개화기를 맞기 위한 첫걸음이라는 것을 새삼 깨달았다. 다른 사람이 불렀다면 저리 갈망하는 마음을 드러낼 수 있었을까. 서른두 살에 생을 접은 그의 음성이 통기타에 실려 밤하늘에 새롭게 길을 내고 있었다. 노래는 지금 그 나이를 맞은 사람들에겐 공감이고 지나온 사람들에겐 회억이며 돌아가고 싶은 고향이거나 삶의 자리가 아닐까싶었다. 또한 어깨가 처진 사람들에겐 위로이며 일어서기를 바라는 추임새로 너울너울 춤을 추게 하고 있었다.

아무것도 없는 것이 아니었다. 누군가의 가슴에 한 자락 단비의 구실이고자 가슴을 통째로 열어 보이며 글을 다듬는 내게 아니 우리에게 그 길은 서른 즈음으로 돌아가서 다시 일어서게 하는 눈부신 새 길이었다. 밤빛이 고운 4월이었다.

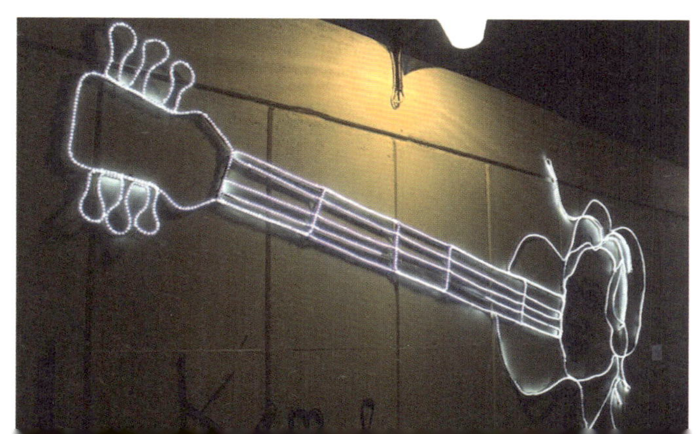

시간을 거꾸로 돌리며

- 보은에서

바람의 울음소리가 다르고 햇살의 무게가 달라지는 계절이 왔다. 일상을 꾸려 떠나게 되는 문학기행이다. 충북의 보은이란다.

문학기행이란 어떤 의미를 가질까 생각해 본다. 대개의 사람들은 가기 전 가는 곳의 문학적인 의의와 그 가치를 미리 공부해서 문학적인 지식의 살에 보탬을 해야 한다고들 곧잘 말한다. 그러나 나는 한 번도 그렇게만 생각해본 적이 없다.

시간을 돌려 그들이 살았던 날의 감성으로 돌아가는 일이다. 솟아오르는 샘물 같은 그들의 열정이나 피폐한 현실을 살아낸 그들의 질긴 생명과 글밭에 핀 영롱한 언어들을 가슴에 새기는 일이다. 뜨겁게 가슴에 와서 용솟음치는 그곳의 기백이다. 면면히 이어와 찾을 수 있게 해준 이들에 대한 고마움이다.

보은에서 가장 먼저 찾은 곳은 오장환 문학관이었다. 월북 작

가의 한 사람인 그의 작품도 해금조치로 우리들에게 읽히고 있으니 얼마나 다행한 일인지 모른다. 해금되기 이전에 정지용 시인과 이태준 작가의 글을 국어 선생님 덕분에 모두 읽을 수 있었던 나에게는 새로운 뭉클함으로 다가왔다. 그리고 보은에서 벌써 오장환 문학제를 올해 들어 스무 번째 지냈다고 하니 벅찬 일이 아닐 수 없다.

흙이 풀리는 내음새
강바람은
산짐승의 우는 소릴 불러
다 녹지 않은 얼음장 울멍울멍 떠내려간다
진종일 나룻가에 서성거리다
행인의 손을 쥐면 따뜻하리라.
- 오장환의 「고향 앞에서」

그 제목이 가슴을 아프게 했다. 고향 마을에도 들어갈 수 없는 처지이기에 '고향 앞에서'라는 말을 썼겠지. 먹먹한 가슴으로 그의 생가에 피어 있는 코스모스를 시간을 돌리며 바라보았다.

다음으로 찾은 곳은 보은 삼년산성이었다. 성을 쌓는데 3년이 걸렸기 때문에 그렇게 부른다고 삼국사기에 기록되어 있다. 신라시대 돌로서 가로와 세로를 맞물려 쌓은 정교한 기술이 튼튼한 성벽으로 오늘날까지 그대로 남아 있어 바라보는 이들에게 감탄을 자아내게 했다. 신라 삼국통일의 거점이었으리라 추측되는 이 절벽 같은 성벽 안에는 우물과 연못 터도 말라 버린 채 그대로 남아 있고 토기와 유물들이 그 시대의 생활상을 보여주고 있어 사적 제235호로 지정되어 있었다. 먼저 간 이들이 살아낸 흔적이었다.

발길을 옮긴다. 능이버섯 백숙으로 배를 불리고 나니 무엇보다 산다는 건 먹기 위함이라는 원초적인 본능에 충실한 것 같아 잠깐 웃음을 머금었다. 바로 뒤에는 선병국 가옥이 자리 잡고 있었다. 1919~1921년에 지어졌다고 하니 거의 백 년의 세월을 풍상에 젖은 한옥이다. 들어가는 길은 울창한 솔숲으로 이어져 있고 집은 큰 개울 가운데 만들어진 삼각주 위에 세워져 물 위에 피어난 연꽃의 형상이라 했다. 큰 채를 돌아가니 이루 셀 수 없을 만큼의 장독들이 부서지는 햇살을 받고 있었다. 전통적인 방법으로 장맛을 내고 그 맥을 이어가는 그들의 노력이 함께 눈부셔 그 속에 숨어 있을 우리만의 맛이 영원히 살아 숨 쉬기를 소망했다.

처음 찾은 보은은 내게 아주 오래된 낡은 시계를 디밀고 있는 것 같았다. 많은 얘기를 머금은 그 시계를 받아 가버린 시간을 토해낼 수 있게 거꾸로 돌리고 있었던 것이다.

함성 소리가 나는 듯했다. 버스가 보은 동학농민혁명 기념공원 앞에 도착했기 때문인가 보다. 1894년에 봉기한 동학혁명은 인간평등과 외국침략세력에 대한 배척이었다. 사람이면 누구나 사람답게 살기를 원하는 새로운 시대에 대한 갈망이었다. 우리의 유생과 백성들은 동학을 통해 이 땅에 자주권을 회복하고자 했던 것이다. 동학농민혁명 최후의 격전지였던 보은엔 그 정신을 기리는 뜻으로 조성된 공원이 여러 형태로 우리를 맞이해 주었다. 거꾸로

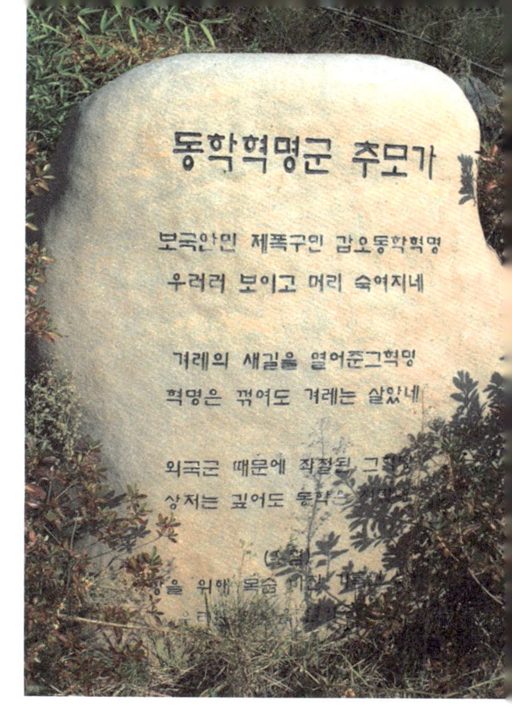

간 시간 속에 옛 사람들의 지조가 담겨 있었다.

숙연한 마음인데 일정의 꼬리가 남아 있어 해거름에 서둘렀다. 유원지에서 흔히 볼 수 있는 스카이바이크 탑승이었다. 넷씩 짝을 지어 수동과 자동으로 작동되는 코스를 하늘을 나는 기분으로 어린 날의 어느 가을인 양 노래를 부르며 바퀴를 굴렸다. 소나무 숲을 거쳐 가며 '소나무야'를 불렀고 가을 노래도 불렀고 생각나는 동요는 죄다 불렀다. 흥에 취해 가다가 멈추기도 하며 거꾸로 가는 시간이 얼마나 아름다운가를 뒤따라오는 사람들에게 손을 흔들며 서로 확인했다.

문학기행은 마음에 시심을 심고 글의 물줄기를 자아올려 일상과 접목시키는 문학적인 작업이라는 생각이 들었다. 하루만이라도 세상 일 털어내자 몸이 가벼워졌다. 가벼워진 자리에 부끄럽게 산기슭 뒤로 숨는 노을을 안아 들였다.

풀등, 숨어 사는 섬

인천 연안부두. 떠남과 돌아옴이 공존하는 곳. 가끔은 맑음이 더러는 흐림과 비가 무지개처럼 또는 안개처럼 깔리거나 날거나 하는 그런 곳.

이작도로 가는 배에 몸을 부린다. 바다는 질린 얼굴이다. 자월도란다. 해무로 내리는 사람들조차 흐린 그림자 같다. 펄펄 나르듯 유영하는 고기가 찌를 무는 찰나의 느낌. 그걸 위해 사람들은 안개 속으로 줄을 지어 들어간다. 해무 속에 갇힌 자월도는 이국적인 여인의 모습이다. 손 흔드는 해무를 두고 떠난다. 조금 지나 승봉도란다. 봉황이 하늘로 올라가는 모양이라는 승봉도에서도 사람들은 주섬주섬 내린다. 다시 말없는 바다 위를 스치고 배는 떠난다. 소이작도엔 제법 많은 사람들이 갯벌에서 바닷물 머금은 조개를 잡기 위해 또 줄을 선다. 병원선이 멀리 보인다. 이작도(대이작도)에 도착했다. 예약해둔 민박집의 뜰은 바다다. 그녀는 부자다. 넓은 바다를 정원으로 두고 있다.

해적들이 침입하기도, 살기도 했다 해서 이적도이던 것이 이작도가 되었단다. 거기에 바닷물이 외출하듯 나가고 나면 사막이 되는 풀등을 안고 있으니 어찌 가보지 않을 수 있겠는가. 보트를 타고 풀등을 향해 떠나기로 했다. 연안부두에서 44㎞ 떨어진 이작도에 온 목적은 바로 여기에 있었으니. 풀등에 대한 환상 같은 것이 오래 잠재하고 있었다.

험한 바닷길을 노 저어줄 사람이 없어 쉽지 않은 보트를 겨우 구했다. 구명조끼가 얼마나 나를 지켜줄 것인가. 밍크고래 몇 마리가 숨바꼭질 하듯 이곳저곳에서 머리 내밀었다간 다시 다이빙으로 바닷속으로 몸을 감춘다. 보트는 물결을 헤치고 길게 물보라를 만들며 미끄러져갔다. 노를 젓는 아저씨는 젊어 보이건만 노인일자리라는 문신 같은 걸 옷에 새겼다.

풀등에 닿았다. 물이 빠지고 있었다. 썰물이 되어야 드러내는 저 미끈한 사막, 모래섬. 아직 시간이 일러 배를 가까이 대기엔 어렵다고 등에 업어서 사막 위에 내리게 해주었다. 어디서나 드는 힘을 빼야 가볍다고 그렇게 하란다. 풀등에 올라서는 순간 평원이었다. 사막이었다. 물을 품은 사막은 가끔 흔적을 내고 가버린 파도로 깊은 골을 만들어놓고 있었다. 디디면 발에 닿는 그 감촉. 모래사장처럼 발이 푹푹 빠지는 게 아니다. 발바닥을 간질간질하게 하는 적당한 진흙의 퇴적 같은 것. 곱고 고운 밀가루의 반죽이다. 누구의 솜씨로 빚어 묻었을까. 무엇을 만들기 위해 저리 곱게 반죽을 해 두고 바닷속에 감추어 두었을까.

물이 제 집 찾듯 밀려오기 전까지 풀등에 만들어진 개울 같은 곳에 발을 담갔다. 가슴 저린 시원함이 내려앉은 푸른 하늘과 함께 몸으로 배어든다. 보트를 저어온 아저씨는 용케도 조개들이 숨어 있는 곳을 찾아내어 고운 바지락을 건넨다. 그들은 숨구멍을 내놓고는 몰래 숨을 쉬고 있었다. 아저씨는 예쁜 바지락을 내게 내밀었다. 바지락 속에 하늘이 숨었고 바다가 들어가 숨을 쉬고 있었다.

여의도 크기에 버금갈 만한 70만평이던 모래가 무분별한 채취로 20만 평으로 줄어들었으니 언젠가는 썰물이 되어도 환한 달빛 아래 드러날 모래사장은 지나간 날 눈 마주친 사람처럼 그리움으로만 남아 있을 것인가.

바닷물이 제 집 찾아 무릎걸음으로 돌아오고 있었다. 아저씨가 서둘렀다. 다시 돌아오는 길에 풍랑은 정신없이 몰려와 보트는 사정없이 흔들려 모두 젖어버렸다. 구명조끼에 맡기리라 생각했지만 흔들리는 보트에 풀등의 꿈을 담은 것이 망상이었나 싶을 만큼이었다. 파도 위에 얹혔다간 내리꽂히곤 했다. 밍크고래가 아랑곳없이 고개를 내밀었다 숨곤 했다.

곡예 같은 시간을 지나 이작도 뱃머리에 닿을 수 있었다. 풀등은 바다를 정원으로 가진 민박집 아주머니의 가슴이라 생각하게 되었다. 아주머니의 남편은 평생을 바람 따라 갔다가 용돈이 없으면 돌아온다고.

물이 나가면 드러나지만 내내 감추고 사는 모래섬처럼 그녀는 타는 가슴을 묻어두고 산다고 한다. 멀리 두고 온 풀등이 안개 때문에 그 자리조차 아슴하다.

풀등은 한 많은 사람의 가슴을 안고 숨어 사는 섬이다.

공존의 길

봄이 서럽게 가고 있었다. 바람 속에 자지러지듯 스러지고 있었다. 저러다 황망히 손을 놓고 휑하니 가버릴 것 같아 정든 임 붙잡듯 집을 나섰다. 무지개처럼 사라질 것 같은 엷은 봄빛을 가슴에 담아두어야 할 것 같아 마음이 급해졌다. 이른 아침 용산발 광주행 KTX는 2시간 10분을 달려 서울의 나를 김제에 부려놓았다. 몇 년 전에 찾았던 진봉평야의 파도처럼 철썩이던 청보리가 눈앞을 가로막았고 '순례'라는 말이 경건함으로 다가와 다른 곳은 생각나지 않게 했다. 신문에서 읽었던 '김제, 아름다운 순례의 길'을 가 보리라. 깜깜한 어둠이 벗겨지자 서둘러 감행한 것이었다.

신문을 보며 메모한 대로 길을 찾았다. 금산사에서 수류성당까지, 김제 7코스다. 7코스를 택한 것은 내가 가본 적이 있는 금산사에서부터 시작하여 영화촬영지로 잘 알려진 수류성당이 끝이라는 점이었다. 소풍 같은 나들이. 집을 나설 때마다 연인을 만나러 가는 사람처럼 가슴이 설렌다. 보헤미안처럼 떠돌아다니는 것이 이력이 났지만 낭패감도 여러 번 맛보았기에 가끔은 설렘 속에 도사린 무섬증을 모른 체할 수는 없었다. 그러기에 친구를 만난 듯한 낯익음이 그 길을 택하게 했다.

아슴푸레 남아 있는 금산사를 찾았다. 정류장에서 꽤 많이 걸었다. 들어가는 입구는 사월초파일을 기다리는 마음들이 등이 되어 매달려 있었다. 소망이 그 위에서 나붓거리고 있었다. 백제 법왕 원년(599년)에 지어 다시 신라 혜공왕 2년(766년)에 진표율사가 중창했다고 하니 이끼 낀 세월이 천 년을 훨씬 넘는다. 천 년을 넘어 내게까지 왔으니 고맙다. 특이한 공법, 밖에서 보면 3층 같으나 들어가 보면 단층으로 되어 있는 미륵전이며 점판암으로 섬세하게 조각된, 보물 제27호인 육각 다층석탑을 일별하며 내 순례의 첫걸음을 남겼다.

절집을 나서 금산교회로 향했다. 문화재 136호라는 팻말을 달았다. 초기예배당이다. 1908년 지어진 예배당이니 100년의 세월이 흘렀다. 미국의 선교사가 지었으면서도 한옥으로 'ㄱ'자로 하여 남녀의 예배 보는 자리를 달리하고 서로 보이지 않게 한 것은 남녀 유별한 우리의 전통을 그대로 인정한 것이었다. 새로운 문화의 전파는 기존의 문화 위에 접목하듯 하지 않으면

뿌리 내릴 수 없음을 보여 주는 하나의 실례였다. 망루처럼 서 있는 목조의 종루가 100년을 거슬러 옛이야기를 들려줄 것만 같았다.

교회를 빠져나와 걷기 시작했다. 흙냄새가 싫지 않았다. 14.5㎞라는 팻말을 숙제처럼 안고 걸었다. 끼고 걷는 금평저수지 물살들이 금빛이었다. 물오른 버들가지가 저수지와 어우러져 가는 봄의 정취를 한 아름 안겨 주어 서럽지 않았다. 이 길이 끝이 아니듯 저 봄도 가서는 다시 오리니 마음 한 자리 넉넉히 비워 두리라.

생각에 잠겨 걷다 보니 동곡약방 앞이었다. 약을 파는 약방이 무어 그리 이름까지 올렸을까 생각했는데 대순진리회의 성지란다. 대순진리회에서 받드는 상제님이 내려와 아픈 사람을 고쳐 주고 창생구제한 곳이라고 적혀 있었다. 궁궐만큼이나 으리으리한 대순진리회의 건물을 그냥 지나친 채 내처 걸었다. 그러다 또 하나의 새로운 종교를 만났다. 증산법종교라는 팻말이 펄럭이고 있었다. 증산 미륵부처님을 모시고 그 유업을 승계하는 교단으로 이젠 1천여 명의 신도만이 있을 뿐이란다. 신도 수만큼 작은 건물이었다. 모란이 이울고 있었다.

산그늘이 조금씩 내려오고 있었다. 길게 소리치고 싶은 길인가 하면 꼬부라져 돌아가고 다시 작은 물줄기 같은 길을 내놓곤 했다. 그러다 마주친 원불교 원평교당. 무슨 행사가 있는지

북적거려 그냥 지나치고 곁에 있는 원평성당에 들어가서 그운 성모상만 앵글에 담아 나왔다.

걸음을 재촉하여 아름다운 순례길 7코스의 마지막인 수류성당에 도착했다. 10여 년 전 '보리울의 여름'이라는 영화 촬영지로 이름이 알려졌지만 무척 소박한 성당이다. 보리울 아이들의 가슴 찡한 얘기가 아직도 그곳에 스며들어 있는 것 같았다. 수류성당은 전주의 전동성당과 함께 전라도에서 가장 먼저 세워진 성당이다. 혼자 느지막이 찾아온 나를 따뜻하게 맞았다.

다섯 시간이 지나고 있었다, 나의 소풍은. 고샅길을 비롯하여 둘레길도 많이 걸어보았지만 다양한 종교를 만난 길은 처음이었으며 또한 흔하지 않으리라 생각되었다. 종교의 파노라마였다. 내 것 네 것을 따질 필요도 없었다. 선한 사람들이 자기들이 신봉하는 절대자에게 의탁하며 더 선하게 살자고 기도하는 마음들이 손을 길게 잡고 있었다. 공존이었다. 나만이 옳고 타인의 믿음이라든가 생각은 도저히 수용되지 않는 우리의 현실에 이 순례의 길은 너와 내가 함께 창출해 가는 아름다운 세상의 노정이었다. 봄날이 가고 있었다. 그 속에 무르익은 내가 하나가 되어 있었다.